산을 움직이는 믿음

모든 인간은 하나님의 형상을 닮은 존엄한 존재입니다. 전 세계의 모든 사람들은 인
종, 민족, 피부색, 문화, 언어에 관계없이 존귀합니다. 예영커뮤니케이션은 이러한 정
신에 근거해 모든 인간이 존귀한 삶을 사는 데 필요한 지식과 문화를 예수 그리스도의 사랑으
로 보급함으로써 우리가 속한 사회에 기여하고자 합니다.

산을 움직이는 믿음

펴낸 날 · 2009년 12월 20일 | **초판 1쇄 찍은 날** · 2009년 12월 15일
지은이 · 마크 & 멜린다 밀란 | **옮긴이** · 김선재 | **펴낸이** · 김승태
등록번호 · 제2-1349호(1992. 3. 31) | **펴낸 곳** · 예영커뮤니케이션
주소 · (136-825) 서울시 성북구 성북1동 179-56 | **홈페이지** www.jeyoung.com
출판사업부 · T. (02)766-8931 F. (02)766-8934 e-mail: edit1@jeyoung.com
출판유통사업부 · T. (02)766-7912 F. (02)766-8934 e-mail: sales@jeyoung.com
copyright ⓒ 2008 by Marc & Melinda Millan
All rights reserved
ariseandshine@sbcglobal.net
ISBN 978-89-8350-550-7 (03230)

값 9,000원

산을 움직이는 믿음

험난한 세상을 살면서 영적으로 승리하는 길

마크 & 멜린다 밀란 지음
김선재 옮김

예영커뮤니케이션

감사의 글

내가 이 책을 쓸 수 있도록 영감을 불어 넣어 주신

하나님께 먼저 감사 드리며,

이 책이 나오기까지 격려를 아끼지 않은

나의 사랑하는 아내 멜린다에게 이 책을 바칩니다.

차례

서문

이 책은 단순히 믿음을 갖는다는 일반적인 주제를 넘어서, 우리의 인생길을 가로막는 커다란 바위와 같은 장벽을 제거할 수 있는 "믿음 훈련"에 관하여 다루고 있습니다.

당신이 이 책을 읽기 시작하면 우리는 함께 긴 여행을 떠나게 될 것입니다. 주님과 동행하는 흥미진진한 믿음의 여정을 통하여 당신은 적의 공격들(마음의 유혹, 육체의 질병, 불행한 형편 등)에 맞서서 담대하게 싸우고 이기는 방법을 배우게 될 것입니다. 성령님의 인도하심을 받아 역경을 어떻게 극복할 것인지, 견고한 진을 어떻게 파괴할 것인지, 당신의 삶에서 어떻게 악을 제거할 것인지, 사탄이 거짓말을 퍼뜨려 당신으로부터 훔쳐간 축복을 어떻게 되찾는지에 대한 특별한 원리를 발견하게 될 것입니다.

당신이 사랑하는 이와 친구들에게, 그리고 삶 속에서 하나님의 승리가 절대적으로 필요한 사람들에게 "하나님의 믿음"에 관한 말씀을 전하기를 권합니다. 이 책은 새로운 차원의 거룩한 자유를 갈망하는 모든 사람들이 읽어야 할 필독서이기 때문입니다.

이 책이 한국의 기독교인들의 영적인 성장과 영적 전투에서의 승전보를 전하는 도구가 되기를 기대합니다.

제1장

영적으로 승리하는 길

믿음의 모범

"믿음이 없이는 하나님을 기쁘시게 하지 못하나니…"
(히 11:6)

믿음의 두 종류

당신은 자신의 인생이 한낱 맡겨진 역할에 충실하도록 부름 받은 무대장치에 불과하다는 사실을 알고 계셨습니까? 한번 생각해 보십시오! 우리는 믿음을 가지고 그 믿음의 행동 양식에 적응하지 않고서는 단 1초도 살 수 없는 의식의 존재(conscious beings)입니다. 그것이 인생의 현실입니다!

그러나 우리는 단지 믿음을 갖는 것을 넘어서야 합니다. 실제로 믿음만이 우리에게 주어진 상황들 사이에서 선택할 기회를 줍니다. 여기서 제기되는 질문은 "우리가 어떤 특별한 믿음의 훈련을 해야겠다고 결심할 때마다 어떤 일이 일어나는가?"입니다.

"심은 대로 거둔다!" 라는 옛말이 있습니다. 믿음에 대해서 말할 때 좋든 나쁘든 우리의 운명을 조종하고 결정하는 힘을 선택하도록 만드는 자기정체성의 과정을 말합니다.

논리와 감각으로부터 생기는 자연스러운 믿음도 있지만 성령의 영역에서 생성되는 초자연적인 믿음도 있습니다. 우리가 어떤 형태의 믿음을 선택하고 의존하느냐에 따라 우리는 사탄을 이길 수도 있고 사탄의 책략에 넘어갈 수도 있습니다. "하나님을 믿으라"(막 11:22)는 예수님의 말씀은 '하나님의 영역에서 믿음을 끝까지 가지라(Be continually having faith in the sphere of God)'는 말씀입니다.

마가복음 11장 22절을 주목하십시오. 주님은 단지 믿음을 갖는 것 외에 뭔가가 더 있다고 하십니다. 다시 말하면, 우리들의 믿음은 영화된 인간의 영혼의 차원으로 알려져 있는, 우리의 지성을 초월하는 영역에서 나타날 때에만 효과가 있을 것이라고 합니다. 이것은 흔히 "하나님의 믿음(The Faith of God)" 이라고 일컬어집니다.

> "너희 마음에 하나님의 믿음(성령으로부터 생긴 믿음)을 가지라.
> 내가 진실로 너희에게 이르노니 누구든지 산(요새, 장애물, 사탄의 방해)에게 들어올려져서 바다에 떨어지라고 하면 말한 후에 마음이 둘로 나뉘지(의심, 분열된 마음) 아니하고 오직 자신이 말한 것이 이루어질 것을 믿는다면, 그는 그가 말한 것을 갖게 되리라."
> (막 11:22,23)[1]

---

1) Peshitta Aramic/English Interlinear New Translation. Paul D. Younan

예수님께서 말씀하신 것을 우리의 삶에서 성취하는 방법은 단 한 가지뿐입니다. 우리가 산을 옮기고 장애물을 부수고 싶다면,[2] 하나님 차원의 믿음을 사용하는 것이 필수적입니다. 바로 승리하시는 성령의 권능을 통해 받은 죄 사함의 권리를 사용하는 것입니다.

> "무릇 하나님께로부터 난 자마다 세상을 이기느니라. 세상을 이기는 승리는 이것이니 우리의 믿음이니라." (요일 5:4)

독수리와 초원의 닭

지금까지 우리가 살아가면서 패배하지 않고 승리하려면 하나님 차원의 믿음을 갖는 것이 절대적으로 필요하며, 그렇게 해야 우리들의 전쟁무기를 사용하여 효과적으로 싸울 수 있다는 것을 살펴보았습니다. 즉, 악과 씨름할 때 우리들의 가장 큰 약점은 그리스도 안에서 우리가 누구인가에 대해 모르는 것이 아니라, 믿음대로 행동하지 못한다는 데에 있습니다. 다음 이야기는 만약 우리가 하나님의 진리에 대한 정보가 없는 상태에서 하나님의 원리들을 실천하지 못했을 때 일어나는 일에 대해 보여 줍니다.

한 남자가 독수리의 알을 한 개 훔쳐 초원의 닭의 둥지에 넣었다는

---

2) 산은 악마가 우리의 길에 놓는 장애물, 방해, 불가능한 것들을 상징한다.

오래된 미국 원주민의 전설이 있습니다. 그 독수리는 닭들과 함께 자라, 자신이 독수리였다는 사실을 알지 못한 채 벌레와 씨앗 등 먹이를 찾기 위해 땅을 파는 법을 배웠습니다.

초원의 닭들이 하는 것처럼, 그 독수리는 땅바닥에서 몇 발 자국만 푸드득푸드득 거리는 시시한 날갯짓을 배웠습니다. 초원의 닭들처럼 꼬꼬댁 꽥꽥거리고 있던 어느 날 그 독수리는 웅장한 새 한 마리가 힘들이지 않고 하늘높이 날아 오르는 것을 보게 되었습니다. 그는 초원의 닭들에게 저게 무슨 동물이냐고 물었고 닭들은 이렇게 말해 주었습니다. "그것은 독수리야. 새 중의 왕이지. 그러나 너는 저렇게 되려고 꿈도 꾸지 마. 넌 그저 초원의 닭일 뿐이야. 그런 줄 알아!"

잘못된 내용으로 자신을 인식한 그 독수리는 그가 어떤 존재였는지 자신의 실존에 대해 더 이상 알 수 없었습니다. 그 새는 다시는 그런 생각조차 하지 않았고, 죽을 때까지 자신이 그저 초원의 닭일 뿐 아무것도 아니라고 생각하며 그렇게 살았습니다.

단지 전설에 불과하지만, 이 이야기는 성도들이 성령의 새 사람과 육의 옛 사람 사이에서 자기 정체성을 확립하기 위해 싸워야 한다는 사실을 잘 묘사하고 있습니다. 이 이야기 속에 나오는 독수리가 가지고 있던 문제는 자신이 누구인지 몰랐다는 사실입니다. 그래서 기만의 구름 아래에서 평생을 살았고, 그의 참 본성이 아닌 겉으로 드러나는 개성만을 당연하게 여김으로써 자신의 실제 정체성을 도둑맞고 살았던 것입니다.

그러나 올바른 지식의 결핍으로 망가진 것은 이 독수리만의 이야기가 아닙니다. 우리들도 예수님 안에서 누려야 할 유업에 대해 모른다면 바로 우리들의 이야기가 될 수도 있습니다.

우리가 누구인지 우리는 알고 있다

"진리를 알지니 진리가 너희를 자유롭게 하리라."
(요 8:32)

이 구절에서 주님은 세 가지 기본 요소, 즉 지식, 진리, 자유를 보여 주십니다. 지식은 진리로 인도하는 길이며, 진리는 하늘나라의 거룩한 자유라는 경지에까지 우리를 이끄는 안내인입니다. 만약 하나님의 자유를 경험하고 싶다면, 하나님이 우리와 지식이라는 수단을 통해 어떻게 소통 하는지를 배워야만 합니다.

단순한 인지 활동으로서의 지식은 정보와 의사소통으로 이루어집니다. 당신이 무언가를 알고자 할 때 마치 라디오 주파수를 맞추는 것처럼, 선택된 방송국에 따라서 어떤 정보가 얻어지는지가 결정됩니다. 그러므로 우리들의 지식 속에서 발견되는 정보의 종류에 따라 나중에 축복을 받을지 혹은 저주를 받을지, 아니면 자유를 경험하게 될지 혹은 속박을 경험하게 될지를 결정짓는 강력한 무기로 변하게 됩니다.

기본적으로, 지식은 딱 두 종류입니다. 하나는 거듭난 사람의 영혼으로부터 나온 것이고, 다른 하나는 육신에 속한 자의 마음으로부터 나온 것입니다.[3] 전자는 하나님의 능력과 구원을 가져오고, 후자는 사탄의 속임과 파괴를 가져옵니다. 아주 단순합니다.

지식은 양날을 가진 칼이기 때문에, 논리적인 마음으로만 처리하면 틀린 정보를 가지게 되며, 그리스도 안에서의 우리의 참모습이라고 할 수 없는 잘못된 정체성을 창조합니다. 다시 말해서 영적인 실체와 하나님의 진리를 행동으로 옮기는 능력이 부족하게 되어, 영혼 속에 감춰져 있는 참된 하늘의 정체성을 발견할 수 없게 됩니다. 무엇보다도 나쁜 것은 적의 거짓말에 속아서, 결국 독수리가 초원의 닭일 뿐이라고 체념하고 산 것처럼 행동하게 될 것입니다. 이것은 우리의 삶 속에 말할 수 없는 고통을 가져옵니다.

> "내 백성이 무지함(하나님의 마음을 아는 지식이 없어서)으로 말미암아 사로잡힐 것이요." (사 5:13)[4]

하늘의 지식은 자유를 가져온다

우리는 늘 이런 질문을 받습니다.

---

3) 빌 3:10a; 엡 1:17b; 잠 1:29.
4) 많은 성도들은 삶의 목적에 대한 해답을 세상의 지식에서 주로 찾으려고 했기 때문에 혼란에 빠져 있다. 이 세상의 지식은 잘못되었고 죽은 지식이다. 그것은 주님과의 소통을 파괴시키려는 의도로 육체적 감각과 지적 능력에 의하여 전달된다. 허위 정보를 유포하는 천사를 사용하여 거짓을 설교하게 함으로써, 사탄은 우리가 하나님의 진리를 발견하지 못하도록 속이고 고통 속에서 살도록 유인한다.

"어떻게 하면 성령님의 영역 안으로 들어가서 그분께서 구하시는 지식을 느낄 수 있을까요?"

대부분의 크리스천들의 문제는 영적이지 않은 지성의 영역에서 과도한 시간을 보내고 나서 왜 성령의 말씀을 자기는 듣지 못할까 하고 궁금해 하는 것입니다. 성경은 다음과 같이 경고합니다.

> "하나님은 영(영적인 존재)이시니 예배하는 자가 영과 진리로 예배할지니라." (요 4:24, 확대해석)

요한복음 4장 24절의 말씀보다 더 명확한 것은 없습니다. 하나님의 "초지성(超知性, super knowledge)"은 단순한 인간의 기교로 만들어 낼 수 있는 지성의 산물이 아닙니다.[5] 그것은 인간의 이해에 도움 받지 않는 오직 거듭난 사람의 영혼에게만 발견되는 것입니다.

> "너는 마음을 다하여 여호와를 신뢰하고 네 명철을 의지하지 말라." (잠 3:5)

---

5) 영의 지식(Spirit-knowledge)이라는 용어는 생각, 이미지, 감정 등과는 아무 관계가 없다. 정의하자면, 하나님의 지식(God's-knowledge)은 마음의 심상이나 감각의 영역에서는 다른 어떤 것으로도 탐색될 수 없는 영혼의 정보를 감지하는 것이다: "…예수께서 곧 중심에 아시고(Gr. epigonosko)…" (막 2:8) 하나님의 진리에 대한 지식과 실체를 전달하는 인간의 영혼은 배(belly)라고 알려진 신체의 움푹 패인 곳에서 발견된다: "나를 믿는 자는 성경에 이름과 같이 그 배에서 생수의 강이 흘러 나오리라…" (요 7:38) 이 신성한 지식은 단 한 가지 목적밖에는 없다. 그것은 예수님이 우리를 위해 하신 일에 대한 사실을 나타내고 그것을 실행하기 위해 힘을 싣는 일이다. 우리가 하나님의 하늘의 지식을 깨닫고 그에 따라 행동하기 시작하면, 우리를 반대하는 것을 뚫고 어둠의 세력으로부터 승리와 자유를 경험하게 될 것이다: "…의인은 그의 지식으로 말미암아 구원을 얻느니라" (잠 11:9)

결론을 말하자면, 지식에 의존하는 것에서 벗어나면 벗어날수록, 성경 속에 계시된 하나님의 약속들에 집중하게 되며, 더 많은 하나님의 지식이 당신에게 축적될 것입니다.

> "또 방들은 지식으로 말미암아 각종 귀하고 아름다운 보배로 채우게 되느니라." (잠 24:4)

영의 세계에 마음을 고정시키고 쉼을 얻게 되면, 당신은 무슨 뜻인지 알기 위해 더 이상 질문할 필요가 없는 신성한 진실(천국의 사실들)을 감지하게 될 것입니다. 하나님의 지식은 거룩한 승리감과 담대함을 주기 때문에 눈 앞의 위기가 아무리 불가능해 보여도 하나님의 말씀을 행동에 옮길 수 있는 힘을 공급해 주십니다.

요약하면, 하나님의 구원의 능력에 바탕을 둔 행동과 더불어 성령님의 지식은 하나님 차원의 믿음을 활성화시켜 예수 그리스도의 죄사함의 역사와 영적 유산의 풍부함으로 우리의 정체성을 재확립하게 해 줍니다. 결론적으로, 이 책을 쓰는 목적은 마음의 영역을 벗어나서 당신의 영에 하나님의 이끄심에 대한 지식을 받아 들이는 기초 원리를 완성하여 당신의 믿음을 강화시키는 데 있습니다.

> "내가 나의 영을 너희에게 부어 주며 내 말을 너희에게 보이리라 (너희가 영으로 내 말을 인식하도록 내가 이끌 것이다.)." (잠 1:23)

정체성 요소

개인이 가진 본성과 개성으로 정체성을 살펴 보면
이 세상에는 두 종류의 사람밖에 없다.
즉, 예수님의 사람과 악마의 사람이다.
당신과 나는 과연 누구를 섬길 것인가를 결정해야 한다.

정체성 확립과정

우리의 마음과 행동을 결정짓는 정체성 요인을 확립하는데 있어
서 지식은 그 자체가 결과물이 아니며, 수단일 뿐이라고 말하여져 왔
습니다. 따라서 하나님 차원의 믿음을 효과적으로 훈련하기에 앞서, "정
체성(identity)"의 개념을 이해하는 것이 중요합니다.

대부분 사람들은 이렇게 물어볼 것입니다.

"정체성[6] 요소는 무엇을 의미하는가?"

정체성은 다른 사람과의 관계에서뿐만 아니라 자기 자신을 어떻게
바라보는가에 따라 동일시와 모방을 이끌어 냅니다. 이것은 우리들의
믿음과 인격을 형성하면서 동시에 우리들의 삶의 성격도 만들어 내며

---

6) 라틴어로 "동일성, 일치"

필연적으로 우리의 경험을 창조합니다. 정체성이란 단어는 다음과 같은 뜻을 가지고 있습니다.

> "어떤 성격을 가진 자(하나님 또는 사탄)와 동일하게 된 상태, 그래서 그에게 자신의 삶을 인식하고 조종하도록 허용함으로써 축복 혹은 역경과 같은 개인의 특질을 공유하게 된 상태"

두 말할 필요도 없이 정체성 확립과정은 수용과 거절의 경계선을 확실히 구분함으로써 우리의 믿음의 체계와 우리가 되고 싶은 사람[7]의 종류를 구축하게 해 줍니다.

예를 들어 사회가 돌아가는 방법을 잠깐 살펴봅시다. 초록색 머리, 피어싱한 입술, 문신, 청바지, 모자, 또는 평범한 양복 등 그것이 무엇이든 간에, 사람들은 자기가 하고 싶으면 그것을 하지 않고는 못 배깁니다. 그들의 전 생애를 통해 패션, 경력, 축구팀, 정당, 유명인, 의복, 자동차, 좋아하는 음식, 음악 스타일, 취미, 고정관념 등등 어떤 특별한 사고방식을 가지고 지속적으로 정체성을 확립합니다. 이 과정은 자신의 가치관과 선택의 우선순위를 정해서 그들의 선호도에 따라 수용하기도 하고 거부하기도 하면서 개인의 정체성을 만들어 갑니다.

마찬가지로, 정체성 요소는 영의 세계에서 연합과 배척의 요소를 제공하면서 동일하게 작용합니다. 이 두 요소는 우리 자신을 지배하는 실질적인 영성을 결정하게 합니다. 우리가 따르는 영적인 힘의 모습을

---

7) 우리의 믿음의 체계는 우리의 삶에 반영되어, 그것이 우리들의 실존과 경험을 결정짓는 방법으로 나타난다

본 따서 자신의 정체성으로 한번 동화하게 되면, 우리 자신이 만들어 낸 그 정체성의 대리인이나 연기자로 변화하기 시작하여, 결국 우리의 앞길에 평화 혹은 혼란이 놓이게 됩니다.

엄밀히 말해서, 이 세상에서 우리가 영적 정체성을 세울 수 있는 근원은 딱 두 가지밖에 없습니다. 그것은 하나님과 사탄입니다. 자유 행위자(free agents)로서 우리는 양자 택일의 자유의지를 부여 받은 존재입니다. 그러므로 우리는 주님뿐만 아니라 사탄과도 관계를 맺고 형질을 본받을 수 있는데, 하나를 선택하여 품으면 다른 하나는 배척할 수밖에 없습니다.[8)

그렇습니다. 마음이 받아들이기로 정한 생각을 연합이라는 과정으로 활성화시키면, 배척이란 과정을 통해 불필요한 것과 그에 따른 감정적인 영향들은 희미하게 사라집니다. 두 개념 다 긍정 혹은 부정의 방법으로 작용합니다. 이러한 양자 택일의 과정은 가장 강한 영향력을 행사하는 것을 선택하기 때문에, 우리가 유혹의 속삭임을 거절하고 성령님의 소리를 받아들일 수 있게 해 줍니다. 또 그와 반대의 경우도 물론 있습니다.

"보라 내가 오늘 생명과 복과 사망과 화를 네 앞에 두었나니" (신 30:15)

---

8) a와 관계를 맺으면, b와는 관계를 끊어야 한다. 마찬가지로 b와 관계를 맺으면, a와는 관계를 끊어야 한다.

그리스도 안에서 정체성을 확립하라

"그와 같은 형상으로 변화하여 영광에서 영광에 이르니
곧 주의 영으로 말미암음이니라."
(고후 3:18)

낡은 가죽 벗기

옛 정체성(초원의 닭 사고방식)을 버리고 참된 하늘의 정체성으로
대체했다고 말하는 것은, 마치 독수리가 주기적으로 낡은 가죽을 버리
고 활력, 힘, 팔팔함, 새로운 감각능력 등을 가져다 주는 새 가죽으로
갈아 입는 것과 같습니다. 독수리처럼 날 수 있는 잠재력을 가진 성도
는 반드시 이 시대의 세속적인 구습을 마음속에서 떨쳐 버리는 영적
탈피 과정을 통과해야 합니다. 그래야 좀더 가벼워져서 성령님의 부활
의 능력(dunamis)으로 다시 비상할 수 있습니다.

저 높은 창공을 향해 날아가려면 더 가벼워져야 하는데, 중력과도
같은 사탄의 속박이라는 무게를 버리면 쉽게 됩니다. (마 11:30, 이는 내
멍에는 쉽고 내 짐은 가벼움이라) 육체의 낡은 옷(옛 사람)을 벗어 던지

고, 성령님의 새 옷(새 사람)으로 갈아입고 활력을 되찾고 젊어지면 하나님이 계시는 천상의 영역에까지 날아오를 수 있는 힘이 생깁니다.

> "우리의 영혼이 사냥꾼의 올무에서 벗어난 새같이 되었나니 올무가 끊어지므로 우리가 벗어났도다." (시 124:7)

당신은 이러한 노래를 들어 보셨나요?

"당신은 내 날개 아래 바람이어라!"

(you are the wind beneath my wings!)

하나님은 사실 우리가 육의 사람으로 날개를 퍼덕이면서 우리 자신의 힘으로 발버둥치는 것보다 오히려 믿음이라는 날개로 날아 오르기를 원하십니다. 우리의 육의 날개(우리의 낡은 깃털)는 결국 너무 지쳐서 사냥꾼이 사로잡으려고 기다리고 있는 땅바닥에 뚝 떨어지고 맙니다. 그리스도의 몸에 속한 많은 성도들이 영적 고갈을 겪으며 지치는 이유가 바로 여기에 있습니다. 그래서 적의 속임수에 넘어가 손을 늘어뜨리고 아무 일도 못하게 됩니다.

옛 자아(the old-self)는 사탄의 속임수라는 낡은 깃털의 무게 때문에 높이 날아 오를 수 없다는 사실을 명심하십시오. 하늘의 독수리가 날개 치는 것과 같은 믿음의 날개를 가지게 되면, 우리는 중력과도 같은 사탄의 힘(육의 세상)을 벗어날 수 있으며, 하나님의 천상의 보좌에 까지 나아갈 수 있게 됩니다.

우리를 감싸고 있는 육체의 겉옷을 벗어 던지기 위해 영적인 변형과 탈바꿈이 요구됩니다. 독수리가 했던 것처럼, 우리도 지속적으로 영적인 탈피과정을 주님께 맡겨야 합니다. 그래서 우리 자신의 타고난 힘(실수와 그릇된 행동모범에 의해 자란 옛 날개)으로 정착된 낡은 가죽을 버리고, 성령님의 권능으로 활력을 얻는 구원의 날개로 새롭게 갈아 입어야 합니다.

"새 힘을 얻으리니 독수리가 날개 치며 올라감 같을 것이요." (사 40:31)

독수리는 신자의 성화된 영혼을 상징합니다. 그것은 신속하고 날쌔며(타고난 전사), 예리한 눈(비전과 분별)과 바람을 타고 힘들이지 않고 날아가는 능력(자기자신의 힘에 의존하지 않음)을 가지고 있으며, 언제나 위험에서 벗어난 높은 장소에 둥지(하나님과 교제)를 틉니다.

독수리는 먹이를 잡으러 땅에 착륙할 때 극도로 조심하는데, 주위에 자신을 잡으려는 천적이 엎드려 있는지 먼저 확인한 다음에 먹이를 덮칩니다. (침착함과 방심하지 않는 경계심) 성경 말씀을 완성시키듯이, 독수리가 좋아하는 먹이가 뱀인 것도 흥미롭습니다.

"보라, 내가 너희에게 뱀과 전갈을 밟으며 원수의 모든 능력을 제어할 권능(Gr. exousia 지배권)을 주었으니 너희를 해칠 자가 결코 없으리라." (눅 10:19)

성화된 영혼을 가진 자라는 정체성으로, 하나님이 원하는 독수리

같은 성도가 되십시오. 단지 환상이나 꿈이 아닙니다. 당신이 진정 되고자 하면 실제로 이루어질 수 있는 현실의 일입니다. 당신이 그 일을 기꺼이 하고자 하면 성령님께서 힘을 공급해 주실 것입니다. 지금 당장, 믿음의 한 발자국을 내딛고, 공기를 가르고 멀리 도약하면서 날아오르기 시작하십시오. 그러면 적의 공격으로부터 승리하고 하나님이 계신 천상의 보좌 앞에서 쉼을 얻게 될 것입니다.

> "노루가 사냥꾼의 손에서 벗어나는 것 같이, 새가 그물 치는 자의 손에서 벗어나는 것 같이 스스로 구원하라." (잠 6:5)

심령의 변화

지금까지 초자연적 깃털이 자라 새 사람이 되는 것처럼 우리 심령에 "그리스도의 정체성"을 세우는 것이 성도들의 삶에서 해야 할 가장 중요한 도전이라는 것을 살펴 보았습니다. 우리는 질문합니다.

"첫 아담으로부터 물려받은 사탄의 정체성을 버리고, 동시에 그리스도의 정체성을 마음속에 세우는 방법은 무엇인가?"

그 해답은 하나님 혹은 악마에게 있는 것이 아니라, 바로 우리 자신에게 달려 있습니다. 하나님의 정체성은 우리가 가지고 태어난 것이 아닙니다. 그것은 오직 영적으로 거듭난 후에만 얻을 수 있습니다. 하나님의 정체성은 우리의 시련과 경험을 통해 얻어진 지식으로 형성된 개인의 특성과 성격 위에 나중에 세워집니다. 우리 행동의 기반이 되는 믿음의 태도도 마찬가지입니다.

그리스도를 닮는다는 것은 단순한 변화만을 의미하는 것이 아닙니다. 그의 뜻과 품성과 행동이 우리의 전 삶을 지배하도록 내어드리는 정체성의 변화까지 포함합니다. 옛 말에 "새 가구를 들이려면 먼저 낡은 가구를 버려야 한다."고 합니다.

정말 그렇습니다. 정체성의 변화는 우리가 진정으로 변화를 수용할 마음의 공간을 비웠을 때 일어납니다. 그것은 옛 자아(우리가 태어날 때부터 가지고 있는 죄성)[9]를 내려놓는 것을 뜻합니다. 그것은 사탄의 속박에 계속 묶이게 했던 고착된 믿음의 양식을 벗어 버리고 멀리 하기 시작하는 것입니다.

하나님의 방법 외에 다른 방법은 없습니다. 다른 생각들은 모두 내려놓고, 예수님 한 분 만으로 정체성을 확립해야 합니다. 생각, 상상, 감정, 상황 등에 의존하는 것과 그리스도를 믿는 신앙훈련을 위해 우리가 더 착한 사람으로 변해야 하는 것이 먼저라는 기대감은 모두 사탄의 덫입니다. 대부분의 성도들이 이 기다림 증후군(waiting syndrome)에 빠져서 헤어나오지 못하고 있습니다. 분명히 하십시오! 당신이 먼저 변하기를 원한다면 그것은 바로 당신은 절대로 변할 수 없다고 속삭이는 사탄의 미혹에 빠지는 길입니다.

"사람으로는 할 수 없으되 하나님으로는 그렇지 아니하니 하나님

---

9) 옛 사람은 이성으로만 이해되는 사물의 지배를 받는 세상적인 삶 속에서 기능한다.

으로서는 다 하실 수 있느니라." (막 10:27)

하나님은 세상의 모든 만물과 자연의 법칙 위에 군림하십니다!

변화가 핵심입니다. 만약 우리에게서 믿음의 효과가 나타나기를 원한다면, 심령의 영적 재건축이라는 "변화"의 과정이 요구됩니다. 그러므로 올바르지 않은 믿음의 체계를 버리고 타협하지 않는 절대 진리인 하나님의 말씀으로 대체하는 작업 즉, 다시 말해 새 사람으로 거듭난 정체성을 회복하십시오. 우리의 심령의 변화가 이루어지면, 차례로 우리의 생각의 틀(mental imagery)과 우리의 육체와 또한 우리를 둘러싸고 있는 환경도 더불어 변하기 시작할 것입니다.

생각 재정립

하나님께 영광! 우리가 초원의 닭이 아니라 독수리라는 사실을 믿는 것이 얼마나 중요한지를 알게 되었으니 이제 우리는 사탄이 지배했던 오래된 옛 정체성으로부터 우리 자신을 재정립해야만 합니다. 할 수 없다는 생각, 영적 무관심, 두려움, 패배감, 의심, 질병, 증오, 노여움, 교만, 질투, 자기 연민, 우울, 낙담, 무능, 자포자기, 정욕 등의 옛 정체성을 버리고 우리의 마음속 깊은 곳에 승리하신 예수님의 인격과 특성을 담은 새로운 정체성이 확립되었다고 믿으십시오.

"위의 것(풍부하고 영원한 보물)을 목표로 삼고 구하라. 거기는 그리
스도께서 하나님 우편에 앉아 계시느니라. 너희 생각(사고방식, 생각
의 틀)을 위의 것(더 높은 것들)에 고정시켜라." (골 3:1-2, 확대해석)

옛 습관과의 결별은 아래에 제시하는 방법을 따를 때에만 이루어
집니다. 인간인 우리는 심중에 처리하기로 결정한 정보에 대하여 완전
한 통제력을 가지고 있습니다. 우리의 생각과 관념을 하나님의 말씀으
로 채우면 즉시 예수님의 마음이 활성화 됩니다.

"그러나 우리가 그리스도의 마음을 가졌느니라." (고전 2:16)[10]

여기서의 "마음(mind)"은 모든 인간의 생각을 넘어서는 영역, 다
시 말해 사탄의 속삭임이 전혀 영향력을 행사할 수 없는 성령님의 차
원에서 움직일 때에만 효력을 발휘하게 됩니다.

예수님과 적극적인 연합을 하게 되면 사탄과 단절하게 되며, 당신
은 훨씬 더 좋은 방향으로 변화하게 될 것입니다. 여기 그렇게 하기 위
한 모범 기도문을 소개합니다.

"나는 부활하신 예수님의 형상을 따라 재창조 되었습니다. 그러므
로 성화된 나의 마음속에 예수님의 정체성을 간직하고 살아갑니
다. 하나님의 자녀로서 나는 사탄이 주는 부정적인 믿음이나, 이

---

10) 저자의 다른 책 『Winning the Battle』 참조

성적인 세상의 경험으로 형성된 사고방식을 더 이상 추구하지 않습니다. 대신에 내 영혼에는 승리하신 하나님의 정체성이 자리잡고 있어서, 하나님의 말씀을 믿는 믿음으로 행동하고 열매 맺기를 원합니다. 사탄아, 네가 지금까지 주었던 두려움, 분노, 불신, 우울, 교만, 부정적인 생각, 질병, 용서하지 못함 등은 더 이상 내게 영향력이 없음을 선포한다. 믿음을 통하여 내 속에 사는 자는 더 이상 내가 아니라, 사랑과 권능으로 승리와 자유를 주신 살아 계신 예수 그리스도임을 선포한다."[11]

이제 됐습니다. 먼저 예수님의 속죄함의 유익을 인식하고 그 다음에 하나님의 말씀 안에서 그 믿음을 실행했을 때, 분명한 변화가 일어나기 시작합니다. 이러한 과정 속에서 하나님이 우리에게 기대하는 것은 오직 하나님의 축복과 더불어 그의 이기는 힘과 믿음의 원리에 대해서 깨닫는 것입니다. 그런 후에 우리가 해야 할 의무는 다음과 같이 자신의 정체성을 선언하기만 하면 됩니다:

"네 주님, 저는 예수님께서 나의 죄를 대신하셨고 내 삶의 모든 부분에서 사탄의 권세를 깨뜨렸다는 사실로 나의 정체성을 세웁니다. 저는 하나님께서 내게 주신 권리로 예수님께서 영적, 정신적, 육체적으로 속죄해 주셨다는 사실을 믿음으로 받아 들입니다."

---

11) "내가 그리스도와 함께 십자가에 못박혔나니 그런즉 이제는 내(ego)가 사는 것이 아니요 오직 내 안에 그리스도께서 사시는 것이라. 이제 내가 육체 가운데 사는 것(Zoe: God's Divine Existence)은 나를 사랑하사 나를 위하여 자기 자신을 버리신 하나님의 아들을 믿는 믿음 안에서 사는 것이라."(갈 2:20)

정체성을 잘못 선택했다면!

하나님의 초자연적인 정체성을 통하여 운영되는 원리를 깨달았으므로, 이제 우리의 옛 정체성을 꽉 붙들고 있도록 만드는 태도와 선택들에 대해 하나님의 경고를 배우는 것이 시급합니다.

"그런즉 너희가 어떻게 행할지를 자세히 주의하라! 지혜 없고 어리석은 자 같이 하지 말고 오직 지혜 있는 자(분별력과 이해력 있는 총명한 자) 같이 목적 있고 가치 있고 정확한 삶을 살라. 모든 기회를 놓치지 말고 매 순간을 최선을 다해 세월을 아끼라. 때가 악하기 때문이다. 그러므로 흐리멍텅하거나 생각이 없거나 어리석은 자가 되지 말고 오직 주의 뜻이 무엇인가 이해하고 꽉 붙잡으라." (엡 5:15-17, 확대해석)

정체성 확립이란 타인의 특성에 자기자신을 귀속시켜, 자신의 삶을 지배하는 힘으로 동일시하여 자신의 속성이라고 여기는 것이라고 했습니다. 이브가 바로 여기서 말하는 것의 전형적인 예입니다. 유혹하는 자의 제안을 받아들이고, 제 멋대로 그의 거짓말에 동의하면서 선악과를 먹었고, 결국 그녀의 삶에 영적 파멸을 가져오게 되었습니다.

그러나 이브뿐 만이 아닙니다. 교회도 마찬가지입니다. 늘 옳은 것과 그른 것 중에서 하나를 선택해야만 합니다. 잘못된 생각 때문에, 많은 성도들이 롤러코스터 심리(roller coaster mentality)라고 알려진 상태에서 헤어나오지 못하고 있습니다. 인정하고 싶지는 않겠지만, 성도들은 연합의 양식 속에서 이해의 갈등을 초래하는 정체성의 문제를 안고 씨름합니다. 여기서 말하는 연합의 양식[12]이란 하나님과 사탄의 특성 중에서 하나를 선택하여 둘 중에 하나를 닮도록 강요하는 것을 말합니다.

혼합된 정체성을 가진 두 마음의 소유자들은 성령님의 나타나심을 경험할 때는 기쁨과 승리감에 사로잡힙니다. 그러나 왠지 마음속과 신체적 기관이 하나님의 임재를 느끼는 데 실패할 때는, 그들은 즉시 혼란을 느끼고 좌절하고 패배감을 맛봅니다. 이러한 일은 보통 성도들의 영혼(그리스도의 정체성이 내재된 장소)이 적의 거짓말을 들음으로

---

12) 이 시대의 작가들은 사람들의 태도 속에 옛 정체성과 새 정체성이 서로 상충하면서 계속 발생되는 정체성의 문제가 교회에서 일반화 되어 있다는 사실을 발견했다. 이것은 성도들이 하나님의 음성을 명확하게 이해하지 않을 때 일어난다. 그래서 하나님의 인도하심에도 열심을 다하고 사탄의 잘못된 이끌림에도 비위를 맞추게 되는 "연합의 위기상황(association crisis)"을 가져오게 되었다. 사도 베드로가 하나님과 사탄의 이중 정체성을 가진 전형적 인물인데, 좀더 잘하려는 열정적인 성격 때문에 하나님과 사탄 두 정체성이 중복되면서 그때그때 선택적으로 나타난다. 마태복음 16장 16-17절을 보면, 베드로는 처음에 성령이 충만하여 예수님에게 "주는 그리스도시요 살아 계신 하나님의 아들"이라고 선포하였고, 주님께서는 베드로에게 하늘의 아버지가 너를 통해 말하게 하셨다고 칭찬하셨다. 그 후, 곧 바로 그의 연합의 양식이 돌변하게 되어 죽임을 당하고 제 삼 일에 살아나야 하는 일은 결코 주께 미치니 아니하리라고 말하자, 베드로를 통해 말하는 사탄을 예수님이 즉시 꾸짖으셨다. (막 16:22-23)

써 억압받을 때 일어납니다. 결과적으로, 이러한 성도들은 바람이 부는 대로, 득의 양양하기도 했다가 좌절의 나락으로 떨어졌다가 계속해서 왔다 갔다 합니다. 야고보서는 동시에 두 마음을 품은 자들에 대해 다음과 같이 경고합니다.

> "오직 믿음으로 구하고 조금도 의심하지 말라. 의심하는 자는 마치 바람에 밀려 요동하는 바다 물결 같으니 이런 사람은 무엇이든지 주께 얻기를 생각하지 말라. 두 마음을 품어 모든 일에 정함이 없는 자로다." (약 1:6-8)

지금까지 살펴본 바와 같이, 정체성에 문제가 생기면 그리스도의 몸 속에 상당한 혼돈이 생기고, 고난과 불신이 싹 트게 됩니다. 주위를 둘러보십시오. 곳곳에서 사람들이 하나님의 뜻에 따라 살기를 원하고 또 그의 능력에 의지해서 행동하기를 원한다고 말합니다. 목사님과 복음전도자들은 강단에서 그렇게 설교하고, 또 교회성도들은 할렐루야를 외치며 그렇게 살겠다고 다짐합니다. 그러나 시련이 닥치면, 수많은 사람들이 이성의 영역 속에서 머뭇거리면서, 자신의 경험을 바탕으로 한 옛 사탄의 이미지인 육의 사람이라는 정체성(옛 아담의 생각, 실패, 논리적 사고 등)을 보여 줍니다.[13]

---

13) 불행하게도 많은 성도들이 이 부분을 놓치고 있습니다. 바벨론 사람의 생각이라고 알려진 물질적인 가치 기준에 합당한 세상의 성공을 위해 많은 성도들이 강력한 자기자신의 이미지를 만들어 내기 위해 열심히 일을 하고 있습니다. 문제는, 진정한 변화라는 것은 지성의 기교, 올바른 방법론, 자존심, 마케팅 공식, 사람이 이룬 업적에 대한 조작된 이야기와 같은 겉으로 치장된 개조와는 아무 상관이 없다는 사실입니다. 하나님의 자녀인 우리들은 우리 자신의 이미지를 어떻게 세워야 할지에 대한 인간적인 공식이 필요하지 않습니다. 우리들의 진정한 정체성은 영화 된 인간의 영혼 속에 살아 있으며, 그것은 오직 성령님이 우리 안에 하

이러한 문제가 생기는 것은 한 가지 명백한 이유 때문입니다. 거듭남으로써 당신은 마음속 공간에 하나님의 영광스러운 정체성을 확실하게 가지게 되었습니다. 그러나 영적 쇄신과 성령 충만은 그것으로 끝난 것이 아닙니다. 그것은 단지 성숙으로 가는 길을 걷도록 힘을 제공해 줄 뿐입니다. 분명한 것은 정체성의 영역에서 극복되어야만 할 도전이 여전히 남아 있다는 것입니다. 그것은 당신을 위하는 쪽으로든 공격하는 쪽으로든 두 가지를 다 제공하는 양날을 가진 검일 수가 있는데 즉, 육의 옛사람의 영역입니다.

옛 사람

고유의 행동과 태도를 가지는 인격의 옷을 입을 때, 우리가 선택할 수 있는 옷은 단 두 가지뿐입니다. 이미 언급한 바와 같이 그 하나는 영적으로 거듭난 후 개발되는 성격인 "새 사람"의 옷입니다. 그것은 부활하신 예수님과 함께 모든 역풍에도 불구하고 천상의 영역에 사는 웅장한 독수리처럼 힘들이지 않고 승리의 날갯짓을 한다는 것입니다.

> "오직 주 예수 그리스도로 옷 입고 정욕을 위하여 육신의 일을 도모하지 말라." (롬 13:14)

나님의 형상으로 정체성을 세우도록 허용할 때에만 겉으로 드러나게 되어 있습니다.

이와 반대로 육체적으로 태어난 그대로 "옛 사람"의 옷(초원의 닭 심리상태)을 그대로 입고 있어 거듭나지 않은 상태가 있습니다. 이것은 모든 인간이 그를 둘러싼 세상에 태어난 이후에 개발된 악한 정체성입니다! 그것은 적의 속삭임뿐만 아니라 우리 주위에 있는 사람들과 상황을 흉내 냄으로써 형성된 것입니다.

거듭남의 경험은 우리들의 저급한 천성이 마무리되었다는 것을 뜻하지 않습니다. 영적으로 거듭난 후에도 옛사람은 우리가 예수 그리스도 안에서 어떤 존재인지에 대하여 왜곡된 이미지를 보여 주면서 우리를 기만하고 조롱합니다. "옛 사람"이 스스로 만들어 낸 이미지는 마치 뱀의 지휘 하에 배를 땅에 대고 기어 다니는 지렁이처럼 성도들을 묘사하여 영적으로 패배한 존재라고 하는 사탄의 거짓말입니다.

여기서 말하고 있는 내용을 확실히 파악하는 게 중요합니다. "옛 사람"의 정체성은 성도가 거듭난 후에도, 그리고 성령의 불로 채워진 후에도 사라지지 않습니다. 그것을 신경 쓰지 않고 그대로 방치할 경우, 영적으로 쇄신되지 못한 성도들의 자아(생각, 이미지, 감정, 감각) 속에서 살아 있는 동안 내내 계속 활동할 것입니다.

아시겠습니까? 무지와 거역 때문에 당신은 아직도 자신의 영을 억누르고, 옛 사람의 정체성이 당신의 생각과 이미지와 선택을 계속 지배하도록 내어 놓는 것입니다. 하나님은 다음과 같이 경고합니다.

"너희는 유혹의 욕심을 따라 썩어져 가는 구습(옛 정체성)을 따르는 옛 사람(새롭게 되지 못한 옛 자아)을 벗어 버리고"(엡 4:22,

확대해석)

옛 사람은 혼과 육체의 영역에서 작용하는 세속적인 성격이기 때문에, 성도의 입장에서는 죄의 속임을 통해 세상적인 방법으로 생각하도록 유혹 받을 수밖에 없습니다. 그러므로 옛 사람의 공격-- 불신, 화, 교만, 용서하지 못함, 악한 욕망 등--을 지속적으로 물리쳐야만 하며, 그래서 하나님의 사람들의 생각과 신체 기관 속에 죄의 요새가 자리잡지 않게 해야 합니다.[14]

다음 글은 우리를 향한 경고의 빨간 신호를 보내 주고 있습니다. 옛 정체성은 자기태만을 만들어 내는 악순환을 가져옵니다. 마치 전혀 내릴 수 없이 계속 돌기만 하는 화려한 회전목마를 탄 것과 같습니다. 예수님께서는 이 사실을 꿰뚫어 보셨습니다. 옛 사람은 천국의 말씀을 이해할 수 있는 영적 능력을 가지고 있지 않기 때문에 천국의 말씀으로 살지 않는다고 말씀하셨습니다. 한마디로 옛 사람으로 정체성을 가지고 산다는 것은 적에게 빼앗고, 죽이고, 파괴할 권리를 양도하는 것입니다.

"천국 말씀을 듣고 (성령의 영역 안에서) 깨닫지 못할 때는 (마음의 감각의 영역으로부터) 악한 자가 와서 그 마음에 뿌려진 것을 빼앗나니" (마 13:19, 확대해석)

---

14) 죄의 요새(strongholds)에 관한 이해를 위해 저자의 책 『Winning the Battle!』 참조

바로 그렇습니다. 옛 정체성(옛 사람)의 감옥으로부터 도망하려면, 성령님의 영역 속에 믿음을 가지고 푹 잠기는 수밖에는 달리 방도가 없습니다. 이러한 상태가 이루어지면, 당신의 믿음과 행동에 하나님의 정체성[15]이 나타나게 되어 새사람으로 승리할 수 있게 됩니다. 그래서 적으로부터 온 두려움, 불신, 질병을 극복하는 능력이 당신에게 생기게 됩니다.

영적 태만에 빠질 때

옛 사람에 관한 모든 것을 알게 되었으므로 그 다음에 이런 질문을 하게 됩니다.

"믿는 자들의 삶에 부정적인 정체성을 강화시키기 위해 적은 어떻게 마음을 조종하는 속임수를 써서 그들이 하나님의 축복을 경험하지 못하게 하는가?"

또는 이렇게 말하기도 합니다.

"아는 게 더 많은 성도들이 어떻게 사탄의 속임수에 넘어가게 되는가?"

이보다 더 중요한 질문은 이것입니다.

"사탄의 공격에 효과적으로 대항하기 위하여 적의 책략을 어떻게 알아낼 수 있는가?"

---

15) 라틴어로 동일화

여기 당신이 이해해야 하는 필수적인 사실들이 있습니다.

속박은 보통 잘못된 생각으로 인해 우리의 영혼 속에서 시작됩니다. 두 말 할 필요도 없이, 생각과 이미지는 우리들의 정신과 감정의 상태를 결정지을 뿐만 아니라, 이 세상에서 우리가 경험하는 현실은 물론 주위 환경에 어떻게 반응해야 하는가에 대한 우리의 결정에도 영향을 미칩니다. 이러한 잘못된 생각으로 시작된 속박은 또한 우리들의 욕망에 영향을 끼치는 악마적인 힘을 가진 성격을 따라 하는 쪽으로 정체성 요소를 세우게 됩니다. 그러나 더 나쁜 경우는 이러한 마음의 양식이 처음부터 처리되지 않으면 결국 심리적인 속박을 만들어 내는 신체기관에 영향을 끼치게 된다는 것입니다.

앞서 지적한 바와 같이 연합과 분리 요인과 마찬가지로 동일화는 누군가의 제의를 인식하고 받아들일 때 일어납니다! 예를 들면, 우리 마음속에 악마의 목소리와 이미지가 나타나기 시작한다면 우리는 소극적이 되며 악마의 속삭임에 위험하게 노출되어 버립니다. 이것은 결정적인 위기의 순간에 훨씬 위험한데 이때 두려움, 화, 우울이 예전보다 더 세게 우리의 문을 두드리기 시작합니다

이러한 상황을 놓치지 않고, 적은 공포와 시련의 혹독함을 사용하여 우리를 심리적 쇼크 상태로 몰아 넣으며, 논리적인 방법으로 문제를 판단하는 보호장벽 속에 가두어 버립니다. 기억하십시오. 악마는 항상 우리를 속임수로 묶어 놓기 위해 이성이라는 무기를 사용합니다.

"믿음이 없는 자들아, 어찌 떡이 없으므로 서로 논의하느냐" (마 16:8)

한번 문이 열리면, 마음을 빼앗는 일은 훨씬 더 쉽습니다. 끌어내리는 자는 그의 거짓말로 만들어진 정체성을 우리에게 강요하고(때때로 그의 제안을 보다 강요하기 위해 두통을 유발합니다), 육의 마음에 그럴듯한 방법으로 그의 잘못된 생각을 집어넣기 위해 이성의 언어를 사용합니다. 논리의 세계에서 반응하는 사람들은 적의 거짓말에 자신이 엮여 들어가, 고통과 속박이라는 거미줄에 걸릴 수밖에 다른 선택의 여지가 없게 됩니다. 이때 영향을 받은 심령은 자신을 통제할 생각의 양식을 분별하는 데 실패할 뿐만 아니라, 자신도 모르게 사탄의 속임을 논리적인 방법으로 방어하거나 보호하려 합니다.[16]

희생자가 속박에 몰두하게 된 후에는 점점 더 성령님을 받아들이려고 하지 않게 되며, 성령님의 소리에 거의 둔감해져서 실제로 자신이 결정을 내리는 일에 전혀 영향력을 끼칠 수 없는 지경에까지 이르게 됩니다. (오히려 성령님의 소리를 어리석고, 비논리적이고, 공격하거나 겁주는 소리 정도로 간주합니다.) 사탄의 속임에 귀 기울이고 믿게 되어 견고한 진이 마음속에 한번 형성되면 깊이 뿌리 박힌 습관으로 고착되

---

16) 사탄의 전술은 영향을 받은 희생자가 조종당하고 있다는 사실을 전혀 모르고 있을 때 가장 효과적으로 작용한다. 이러한 사람들은 적으로부터 받은 거짓말의 노예가 되는 것을 도리어 행복으로 여기고 인생을 즐긴다. 그들은 그들이 갖고 있는 믿음의 체계(예를 들면 하나님의 말씀 안에서 믿음 훈련, 악에 저항, 잘못된 생각 제거 등등)를 변화시켜야만 한다는 사실을 알게 되어 마음이 불편해지는 것을 원하지 않는다. 그래서 마음이 사탄의 견고한 진에 묶여 있는 사람에게 사탄의 거짓말을 노출시키는 것도 어렵고, 성령님의 일에 대해 설명하려고 할 때 한계를 느끼게 된다. 성경의 진리가 선포될 때, 그들은 자신을 조종하고 있는 견고한 진을 대신하여 재빨리 화가 난 거부반응을 하거나, 열정적으로 방어태세를 취하는 것을 볼 수 있다: "진리를 접했을 때 처음 취하는 방어 자세는 거짓말에 얼마나 깊이 빠져 있는가에 정비례 합니다. 잘 짜인 방송망을 통해 점진적으로 전 세대에 걸쳐 거짓말은 대중들에게 팔려 나갔기 때문에 진리는 완전히 이치에 맞지 않는 헛소리로 여겨질 것이며, 그 진리를 말하는 자는 얼빠진 정신이상자로 치부될 것입니다."(드레스덴 제임스). 고린도전서 2장 14절 참조(육에 속한 사람은 하나님의 성령의 일들을 받지 아니하나니 이는 그것들이 그에게는 어리석게 보임이요, 또 그는 그것들을 알 수도 없나니 그러한 일은 영적으로 분별되기 때문이라).

고 맙니다.[17] 이쯤 되면 이 사람은 자기를 조종하는 사탄의 소리가 지시하는 대로 행동할 뿐만 아니라 그 소리 없이는 아무것도 할 수 없는 지경이 됩니다. 그러므로 두려움이라는 속박에 묶인 사람은 위기 상황이 보여 주는 장면을 떠올리면서 공포, 공황, 절망만을 호소합니다. 또 불신의 속박에 매인 사람은 사탄의 공격을 받을 때 적이 주는 질병에 걸리고 맙니다. 노여움과 분노의 속박에 빠진 사람들은 아주 사소한 일에도 화를 벌컥 냅니다. 이들은 논리적으로 생각할 수 없기 때문에 하나님의 말씀에 따라 행동할 수도 없고, 하나님께서 불가능한 상황을 변화시킬 기적을 행하시는 분이라는 사실을 믿을 수도 없습니다. 얼마나 가엾습니까! 적의 궁극적인 목표는 그의 교묘한 조종에 기계적으로 반응하는 크리스천으로 만드는 것입니다.

이것을 알아야 합니다. 사탄의 강력한 손아귀에 사로잡힌 성도들은 대부분 자신이 극복해야만 하는 피할 수 없는 현실을 받아들이지 못하고 적당한 선에서 적응하는 법과 상호 공존하는 법을 배우고 맙니다. 가장 나쁜 것은 두려움, 불신, 질병들을 받아들이면서 미혹에 빠져 생각을 조종당하는 성도들입니다. 그들은 엄청나게 많은 생각과 꼼꼼한 계획에 따라 움직입니다. 그러나 불행하게도, 그들의 행동은 그저 적의 견고한 진이 그들의 마음속에 심어 놓은 사고방식에 따라 반응하고 있을 뿐입니다.

이제 현실을 직시합시다! 오직 영적으로 깨어 있어야만, 우리에게 부어 주시는 성령님의 권능을 품고 그에 따라 기꺼이 행동하려는 의지

---

17) 동일화는 희생자가 사탄의 특성을 본받아 비슷하게 되는 과정으로, 적이 제공하는 양식에 따라 전체 혹은 부분적으로 변하는 것이다.

를 가지고, 동시에 사탄의 견고한 진에 충성하려는 어떤 유혹도 거절해야만, 마귀의 속박에서 벗어나 참 자유를 맛볼 수 있게 됩니다! 이와는 반대로, 성령님의 권능을 품지도 않고 하나님의 믿음대로 행하지도 않는다면, 시간과 정력 낭비일 뿐 아무 소득도 없을 것입니다. 사탄의 영역에 머물러 있으면서 적과 싸워 이길 수 없습니다. 이성, 상식, 신앙 공식, 감정, 정서, 잘못된 가르침, 심리 요법, 육체 단련 등과 같은 인본주의적인 방법들은 사탄이 직접 조장해 놓은 것입니다. 이것들을 사용하여 사탄의 견고한 진을 깨 부수겠다는 것은 마치 인간이 바다 속에 들어가서 흰 상어와 싸워 이기려고 애쓰는 것과 같을 것입니다.

> "내 아들아 지식의 말씀에서 떠나게 하는 교훈(사탄의 가르침)을 듣지 말지니라." (잠 19:27)

한마디로, 승리를 경험하고 싶다면 사탄이 자신의 방법에 순종하라고 부추기는 모든 제안을 단호히 거절함으로써 습관으로 고착된 사고방식을 파기하고 다시 하나님의 말씀에 순종하는 방식으로 재조정하는 것이 필요 불가결합니다. 만약 이것이 성공적으로 이루어지면, 잘못된 생각이나 패배감 같은 믿음의 부정적인 체계가 제거되어 예수 그리스도가 거할 공간이 생겨, 새로운 정체성을 가지게 될 것입니다. 다시 말해, 심리적 억압이나 질병을 변화시킬 수 없는 삶의 굴레로 받아들이는 대신에, 마음의 구원과 육체적 치유를 위해 당신의 인생에 예비하신 하나님의 위대한 뜻이라고 영적인 승리를 선언하면, 이러한 악순

환에서 벗어날 수 있습니다.

"사랑하는 자여, 네 영혼이 잘 됨 같이 네가 범사에 잘 되고 강건
하기를 내가 간구하노라." (요삼 1:2)

이러한 목표가 달성된 후에 그 다음 단계는 참소자가 떠날 때까지
사탄의 모든 요구를 거절하는 것입니다.

"그러므로 누구든지 나의 이 말을 듣고 행하는 자(순종하는 자)는
그 집을 반석(하나님의 말씀) 위에 지은(믿은) 지혜로운(신중한, 실
천력 있는, 현명한) 사람 같으리니 비가 내리고 창수가 나고 바람
이 불어 그 집에 부딪히되 무너지지 아니하나니 이는 주추를 반석
위에 놓은 까닭이요." (마 7:24-25, 확대해석)

우리 주님은 아주 명쾌하십니다! 하나님의 기적을 경험하려면 지
름길이나 편법은 절대로 없다는 것을 알아야 합니다. 우리 자신을 성
령의 기름부음과 권능으로 덧입혀져서 하나님 차원의 믿음으로 정체
성을 재정립하지 않으면, 사탄의 궤계를 간파하고 극복하는 것은 절대
불가능한 일입니다!

정체성 회복의 사례

하나님의 승리로 정체성 회복!

새 사람과 옛 사람이 서로 우열을 다투며 끊임없이 주도권 싸움을 하는 것은 피할 수 없는 인생의 현실입니다. 결과적으로 당신과 나는 이 두 가지 성격 중에서 어느 것으로 정체성을 삼을 것인가를 결정해야만 하는 사람들입니다.

하나는 옛 사람의 정체성으로 자신이 초원의 닭에 불과하다고 생각하는 독수리처럼 사는 것입니다. 이는 우리가 하늘 높이 날 수도 없고 구속과 속박으로부터 자유로울 수도 없다는 사탄의 속임에 넘어간 삶입니다.

또 다른 하나는 육체의 옷을 벗고 그리스도로 옷 입은 새 사람의 정체성입니다. 이는 진짜 독수리처럼 성령님의 영역으로부터 날아 올라 "하나님의 믿음(The Faith of God)을 소유한 자가 되어 예수님의 구원의 권능을 힘입어 하늘의 영광의 승리 속으로 날개 쳐 올라갈 수 있게 되는 것입니다.

"(그와 같은 자)는 높은 곳에 거하리니…" (사 33:16, 확대해석)

아래 이야기는 영적 전투의 규칙을 이행하는데 성공 사례와 실패한 경우를 보여 줍니다.

하나님을 찬양하며 싸움!

독수리 날개 쳐 올라감에 대해 이야기할 때 여호사밧(여호와는 우리의 심판자라는 뜻) 왕은 필연적인 결과로서 초원의 닭 심리상태를 거절한 대표적 인물로 꼽힙니다. 신약 시대의 관점에서 봤을 때 이 당시의 이스라엘 사람들은 새 사람으로 거듭난 성도를 나타냅니다.

여호사밧 왕과 그의 백성들은 자신들 앞에 놓인 세 가지 기본적인 요인을 성공적으로 통과함으로써 그들의 적을 물리쳤습니다. 나는 이것을 "CRO 원리"라고 부르고 있습니다.

- 위기(Crisis, 시험)
- 대응(Response, 반응)

- 결과(Outcome, 결말)

경험에 의하면, 이 세 가지 요인들에 의해 성도들은 자신의 믿음이 시험 받는 연단의 시기로 인도됩니다.

> "사랑하는 자들아 너희를 연단(테스트)하려고 오는 불 시험(위기, 응답, 결과)을 이상한 일 당하는 것 같이 이상히 여기지 말고" (벧전 4:12)

여호사밧 왕과 이스라엘 백성들은 정체성 요소를 당연한 것으로 받아들이지 않았음을 보여 줍니다. 왜냐하면 이 정체성 요소는 바깥으로 드러나는 행동은 말할 것도 없고 우리들이 처해 있는 상황을 필연적으로 만들어 내는 것이기 때문입니다. 위기(crisis)의 순간에 이 백성들은 여호와의 정체성을 가지기로 결심하고 하나님의 도우심과 인도하심을 구하기 위해 달려 나아가는 것을 보십시오.

> "여호사밧이 두려워하여 여호와께로 낯을 향하여 간구하고 온 유다 백성에게 금식하라 공포하매 유다 사람이 여호와께 도우심을 구하려 하여 유다 모든 성읍에서 모여와서 여호와께 간구하더라." (대하 20:3-4)

그리고 나서 이 이스라엘 백성들은 즉시 그들의 논리적이고 경험에 입각한 마귀의 속이는 말에는 귀 기울이지 않았습니다. 두려워하거나 뒤로 물러서는 대신에, 그들의 대응(response)은 하나님의 영이 임한 레위 사람 야하시엘의 예언을 믿음으로 취했습니다.

> "너희는 이 큰 무리로 말미암아 두려워하거나 놀라지 말라. 이 전쟁은 너희에게 속한 것이 아니요 하나님께 속한 것이니라. … 이 전쟁에는 너희가 싸울 것이 없나니 대열을 이루고 서서 너희와 함께 한 여호와가 구원하는 것을 보라." (대하 20:15,17)

끝으로 하나님과의 절대적인 연합은 이스라엘 백성들이 예언자 야하시엘의 말에 순종할 수 있도록 해 줍니다. 그들은 적이 공격해 들어오는데도 대열을 이루고 행진하며 여호와를 찬송하기만 하는 비논리적인 명령에 복종했습니다.

> "너희는 두려워하지 말며 놀라지 말고 내일 그들을 맞서 나가라. 여호와가 너희와 함께 하리라." (대하 20:17)

결국 하나님의 명령에 순종한 결말(result)은 완벽한 결과(outcome)를 가져왔습니다. 방패와 칼을 사용하는 대신에 하나님을 찬양하는 노래를 불러 승리를 쟁취한 것입니다.

> "그 노래와 찬송이 시작될 때에 여호와께서 복병을 두어 유다를

치러 온 암몬 자손과 모압과 세일산 주민들을 치게 하시므로 그들이 패하였으니" (대하 20:22)

정체성 회복과 찬양!

이와 같은 상황에서 여호사밧이 우리에게 가르치는 바는 무엇일까요? 우리가 "위기, 대응, 결과" 시나리오에 직면했을 때, 그 순간의 눈에 보이는 분쟁에 휘말려서는 안 됩니다. 대신에 우리는 즉각적으로 사탄의 제안에 솔깃한 마음을 거절하면서, 문제를 부정적으로 보려는 시각을 끊어 버려야 합니다. 한번 우리의 마음을 마귀의 영향에서 벗어나게 하면, 우리의 문제 해결자인 하나님에게만 초점을 맞추는 정체성 회복의 과정을 시작할 수 있습니다. 그것은 하나님께서 우리에게 해 주시기로 약속하신 일들을 신뢰하고 주님을 찬양하는 것을 의미합니다.

역대하 20장 22절을 보면 완전한 정체성 회복을 위해 가장 중요한 요소가 먼저 기뻐하는 것임을 알 수 있습니다. 우리가 주님을 기뻐 찬양하는 태도를 보시고, 주님은 주어진 상황하에서 최악이 아니라 가장 최선의 것으로 일하신다는 사실을 보여 주실 것입니다.

바울과 실라의 경우도 그렇습니다! 그들은 단 한 가지 이유 때문에 감옥에서 나올 수 있었습니다. 좌절하거나 자신의 처지를 안타까워하는 대신에 그들은 믿음으로 한 발 나아가서 하나님께 찬양을 올려 드리기 시작했습니다. 주님께서는 그들의 찬양 소리에 지진으로 응답하시고, 족쇄가 풀리고 옥문이 열리는 기적이 일어났습니다.

> "한밤중에 바울과 실라가 기도하고 하나님을 찬송하매 죄수들이
> 듣더라 이에 갑자기 큰 지진이 나서 옥 터가 움직이고 문이 곧 다
> 열리며 모든 사람의 매인 것이 다 벗어진지라." (행 16:25-26)

찬양은 단순히 하나님의 진리의 말씀에 따라 행동하는 것을 의
미합니다. 우리들의 심리상태나 신체조건, 찬양 받기 합당한 주변환경
따위에 대해 신경 쓸 필요가 없습니다. 무슨 말이냐고요? 당신은 아
무리 어려운 심리적 혼란, 신체적 고통, 그리고 해결 불가능해 보이는
상황으로부터 공격을 받고 있더라도, 당신 속에 내재하고 있는 성령님
으로부터 기쁨을 끌어낼 수 있으며, 당신이 겪고 있는 상황과 관련하
여 승리를 쟁취한 구절을 성경에서 찾아내는 신나는 경험을 할 수 있
다는 말입니다.

> "그러므로 너희가 기쁨으로 구원의 우물들(영혼)에서 물을 길으
> 리로다." (사 12:3)

여호사밧이 바로 그렇게 했던 것처럼 당신도 믿음의 길을 선택하
여 기쁨(성령충만의 환희)을 생성시키기 시작하십시오. 그러면 당신이
싸워야 할 전투를 주님에게 대신 싸우게 하고 승리를 가져다 주도록
법적 권리를 주실 것입니다.

"이는 주께서 내게 전쟁하게 하려고 능력(모든 반대를 뚫고 나가는 거룩한 압력)으로 내게 띠 띠우사 일어나 나를 치는 자를 내게 굴복하게 하셨사오며" (삼하 22:40)

육에 속한 이스라엘 백성들

여호사밧이 하나님을 신뢰하고 승리를 향해 앞으로 나아갈 준비가 된 새 사람을 대표하는 인물이라면, 광야에서의 이스라엘 백성들은 여전히 거듭나지 못한 자아 속에 살아가는 옛 사람의 모습을 보여 줍니다. 그들은 경험이라는 상식의 세계에 의해 지배 받기 때문에 초자연적인 하나님의 방법을 신뢰하지 못합니다. 광야에서의 이스라엘 백성은 "위기, 대응, 결과" 시나리오가 진행되는 동안 불신과 반역을 일삼으면서 하나님의 정체성으로 회복되지 못한 전형적인 예를 보여 줍니다.

이스라엘을 향한 시험은 주님이 그들을 보내기로 약속한 그 땅에 대한 보고를 가져오라고 명령 받을 때 시작됩니다.[18] 그 약속의 땅은 정말 소출이 많고 아름다운 것이 많은 젖과 꿀이 흐르는 땅이었지만, 거인들이 거기 살고 있어서 이스라엘 백성이 차지하는 것을 막고 있었습니다. 우리들에게도 이러한 거인들이 우리들과 하나님의 약속 사이에 서서 마귀의 방해공작을 펼칠 때가 있습니다. 이들의 목적은 우리가 하나님의 축복을 받는 것을 훼방하는 것입니다.

---

18) 민 13:1-33 참조

"당신이 우리를 보낸 땅에 간즉 과연 그 땅에 젖과 꿀이 흐르는데 …
그러나 그 땅 거주민은 강하고 성읍은 견고하고 심히 클뿐 아니라 거
기서 아낙 자손(거인, 네피림 후손)을 보았으며" (민 13:27,28)

잘 생각해 보십시오. 우리 모두에게도 똑같은 일들이 일어납니다.
이 시험(test)은 즉시 삶의 현장에 위기(crisis)를 가져옵니다. 이스라엘
백성들이 적을 물리치고 승리를 얻고자 한다면, 하나님의 초자연적인
간섭하심을 믿고 따라야 하는 것이 누가 보아도 당연한 일입니다. 많이
들어 본 말 같지 않습니까? 불가능한 상황에 봉착했을 때의 우리들의
모습을 그대로 생생하게 그려내고 있습니다. 초자연적인 방법으로 이 난
관을 해결할 하나님을 믿을 것인가, 아니면 자신의 능력에 의존하여 결
국은 문제의 무게에 짓눌려 멸망할 것인가, 둘 중의 하나를 선택해야만
합니다. 불행하게도, 이스라엘 백성들은 구원의 하나님을 신뢰하기보다
문제를 해결하기 위해 자신이 할 수 있는 것만을 바라보았습니다. 결국
그들을 애굽에서 이끌어 낼 때 하나님이 어떻게 홍해를 갈랐으며, 그래
서 약속의 땅으로 어떻게 진군해 올 수 있었는지, 그 동안 보여 주신 하
나님의 기적에 대해 순식간에 다 잊어버리고 말았습니다. 그들의 대응
(response)은 시련에 대한 부정적인 이미지를 만들어 냄으로써 상황을
합리화시켜 버린 것입니다. 그들이 처해 있는 불가능해 보이는 위기상황
을 변화시킬 수 있는 일은 아무것도 없다고 말하면서 말입니다.

"우리는 능히 올라가서 그 백성을 치지 못하리라 그들은 우리보다

강하니라 하고 이스라엘 자손 앞에서 그 정탐한 땅은 그 거주민을 삼키는 땅이요 거기서 본 모든 백성은 신장이 장대한 자들이며 거기서 네피림 후손인 아낙 자손의 거인들을 보았나니 우리는 스스로 보기에도 메뚜기 같으니 그들이 보기에도 그와 같았을 것이니라." (민 13:31-33)

이스라엘 백성들은 이미 이 상황에 대한 믿음을 행사하고 있기는 한데, 하나님의 영의 영역으로부터 오는 그런 믿음은 전혀 아니었음을 주목하십시오.

"하나님의 영역 안에서 믿음을 가지라." (막 11:22, 저자의 해석)

사실, 그들은 사탄이 미래에 필연적으로 일어날 것이라고 속삭이는 악을 현재로 끌어들이는 부정적인 형태의 믿음을 보여 주고 있습니다. 그들이 선택한 마지막 결과(outcome)는 그들의 심령에 불신을 가짐으로써, 하나님이 그들에게 주시려는 도움을 거절하고 하나님의 도우시는 손을 묶어 버리고 말았습니다.[19]

민수기 13장 31-33절에 나오는 의심, 무능, 패배의 요소를 발견

---

19) 그 증거는 반박의 여지가 없습니다. 사탄이 제공하는 불신으로 정체성을 확립한 이스라엘의 자녀들은 하나님을 제한하여 그들이 필요한 것을 제공받지 못했습니다: "그들은 … 이스라엘의 거룩한 이를 제한(히: 묶다, 밧줄로 꼬다, 막다)하였도다" (시 78:41) 이것은 우리들에게 무엇을 말해 주는 것입니까? 전능하신 하나님은 인간에 의해 조종당하지 않는다는 사실은 의심할 여지가 없지만 그러나 인간의 불신과 제멋대로 하는 불순종이라는 요소는 자신을 도우려는 하나님의 모든 움직임을 제한하고, 봉쇄하며, 가로막기까지 할 수 있습니다: "거기서는 아무 권능(Dunamis power 성령의 능력)을 가지지 못해서 다만 소수의 병자에게 안수하여 고치실 뿐이었고 그들이 믿지 않음(하나님을 믿는 믿음이 부족함)을 이상히 여기셨더라." (막 6:5-6, 확대해석)

하셨습니까? 이 사람들은 자신이 초원의 닭일 뿐이라고 생각해 버린 독수리와 같이 행동했습니다. 분명히 사탄의 정체성은 이스라엘 백성들을 불신의 감옥 속에 포로로 잡아 가두는 견고한 마귀의 진을 형성하는 잘못된 믿음의 체계를 만들어 냈습니다. 이와 같은 부정적인 정체성은 먼저 경험이라는 감각의 영역에서 두뇌로 전해진 다음에 영혼으로 전달됩니다. 그리고 나서 그것은 논리적인 사고에 해당하는 유추, 비교, 분류, 검사 등의 필요한 방법을 통해 변형 과정을 거칩니다. 한번 사탄의 정체성을 받아들이게 되자, 사탄은 이스라엘 백성들의 생각 모범을 조종하여 그들의 영혼 속에 하나님의 진리를 일관되게 생각할 수 없도록 만들어 버렸습니다. 이렇게 사탄의 견고한 진은 인간의 마음속에 형성됩니다.

마귀의 견고한 진은 희생자를 사탄의 거짓말에 계속 묶어 놓는 최면술을 사용하여 자신의 영역을 주장합니다. 같은 단어 반복, 고통스런 소리의 나열, 무의식적인 웅얼거림 등을 사용하여 고도의 자기 암시 상태를 유지시킵니다. 이것의 궁극적인 목적은 하나님을 믿는 자들의 능력을 약화시켜 부활의 승리를 얻지 못하도록 하려는데 있습니다. 주인에게 훈련된 강아지는 주인이 명령하는 대로 짖고, 뛰고, 꼬리를 흔드는 것처럼 믿는 자들도 똑같이 반응하도록 만들려는 생각인 것입니다. 위기에 봉착했을 때 이스라엘 사람들은 하나님의 초자연적인 방법을 믿고 따르기에는 좀 바보스럽고 비논리적인 것으로 보였기 때문에 그저 단순히 사탄이 시키는 대로 운명의 방아쇠를 당기는 것으로 반응하고 말았습니다.

"이로 보건대 그들이 하나님을 고수하며 신뢰하고 의지하고 믿는데 있어 기꺼이 아니하므로 능히 (하나님의 안식 속으로) 들어갈 수 없었더라(불신이 그들을 밖으로 내쳤더라.)" (히 3:19, 확대해석)

육에 속한 이스라엘 백성들은 자기를 조종하는 힘에 자신을 아무 생각 없이 맡기는 꼭두각시 인형처럼 움직이는 전형적인 경우입니다. 한번 그들의 생각 속에 위협, 의심이라는 견고한 진이 형성되자, 기적이 일어나는 것은 불가능한 일이라고 그들의 마음속에 말하는 것은 너무나 쉬운 일이었습니다. 그렇게 되자 이 사람들은 사탄의 조그마한 손짓에도 재빨리 반응하였으며, 그들의 마음속의 모든 것이 즉각적으로 혼돈 속에 빠져들고 말았습니다.[20]

이스라엘 백성들이 하나님의 약속의 땅에 들어가지 못한 이유를 발견하는 것은 어려운 일이 아닙니다. 하나님께 등을 돌리고 떠남으로써, 이들은 보고 듣고 느끼는 감각세계로부터 참소자가 가져온 두려움을 선택하여 자신의 정체성을 세웠기 때문입니다.

당신도 할 수 있습니다

광야에서의 이스라엘 백성들을 살펴 본 우리들은 현대의 많은 성도들이 시험기간을 거치는 불편한 상황 속에서 어떻게 대처해야 하는

---

20) 이러한 과정은 적들이 즐겨 사용하는 전쟁전술 중의 하나입니다. 하나의 제안을 제시하고, 방아쇠는 당겨지고, 원하는 반응이 나타나게 되는 것입니다.

지를 알게 되었습니다.

> "이러한 일은 우리의 본보기가 되어 우리로 하여금 그들이 악을 즐겨 한 것 같이 즐겨 하는 자가 되지 않게 하려 함이니…그들에게 일어난 이런 일은 본보기가 되고 또한 말세를 만난 우리를 깨우치기 위하여 기록되었느니라." (고전 10:6, 11)

만약 우리가 사탄의 공격을 극복하고 승리의 진군을 하기 원한다면, 광야의 이스라엘 백성이 했던 부정적인 행동을 늘 생각하고 기억해야 할 것입니다. 불가능해 보이는 상황으로 포위되었을 때, 위기-대응-결과에 따라 어떻게 행동해야 할지를 고민해야 합니다. 위기 상황 가운데서(위기) 하나님의 말씀을 의심하도록 강요하는 속임을 거절했을 때(대응), 우리는 마침내 정신적 해방, 육체적 치유, 환경적 공급으로 일컬어지는 하나님의 축복의 약속의 땅에 들어 가게 됩니다(결과). 그러나 우리가 믿음을 보여 주지 않고 문제에 직면하여 좌절하고, 우물쭈물한다면, 우리는 여전히 시련의 광야에 머물면서 하나님의 약속의 땅에 들어갈 수 없게 될 것입니다.

우리는 육체에 따라 움직인 옛 사람의 표본인 이스라엘 백성들처럼 패배의 방법으로 행동할 필요가 없습니다. 승리는 벌써 당신의 마음속 깊이 숨겨져 있습니다. 성령님의 영역은 하나님의 통치 아래 있는 피난처를 찾는 모든 사람들에게 주어지는 무너뜨릴 수 없는 요새이며 발전소입니다.

하나님의 약속의 말씀으로 정체성을 확립하게 되면, 우리는 성령님의 영역으로부터 능력을 받아, 하나님의 뜻에 어긋나는 모든 것들을 다 쓸어버리는 강력한 허리케인처럼 우리 자신을 분명하고 당당하게 입증할 것입니다. 할렐루야! "하나님의 믿음(The Faith of God)"을 통하여, 우리는 하나님의 명백한 아들로서 우리의 발 밑에 항상 마귀를 짓밟고 하늘의 산꼭대기로부터 이 세상에 나타날 것입니다.

> "피조물이 고대하는 바는 하나님의 아들들(믿음을 통해 세상을 이긴 자들)이 나타나는 것이니" (롬 8:19, NEB)

다시 한 번 더 강조하겠습니다. 이제 우리 마음속에서 초원의 닭 사고방식을 제거할 때입니다. 그리고 하나님의 거룩한 영광 속으로 독수리처럼 장엄하게 높이높이 날아 올라야 합니다. 당신은 혼자가 아닙니다. 예수님께서는 그렇게 하기로 작정한 우리 모두에게 당신의 능력을 공급해 주실 것입니다. 우리가 갖추어야 할 전제조건은 우리들이 기꺼이 그렇게 하기를 원하는 것입니다. 많은 성도들은 사탄이 중력의 힘으로 땅바닥으로 끌어당기기 때문에 약하고 영적으로 고갈된 상태에서 고통 받고 있습니다. 여기서 박차고 벗어나야 합니다.

당신이 이 책을 다 읽을 때쯤이면, 주님께서 우리를 위해 베푸신 모든 것과 일체감을 가지는 방법[21]을 알게 될 것이며, 따라서 하늘의 유업도 가장 좋은 것으로 가진 자가 되어 있을 것입니다. 물론, 영적인 성공

---

21) 새로운 정체성을 가지고 연합하다.

을 향해 가는 길은 믿음으로 걷는 방법을 배우는 것입니다. 이러한 원리가 마음속에 자리잡게 되면 당신은 로켓처럼 쏘아 올려질 것입니다.

"그는 높은 곳에 거하리니" (사 33:16)

제2장
하나님 차원의 믿음 훈련

양자택일

"볼지어다 내가 문 밖에 서서 두드리노니
(들어오라고 허락하기를 요청하노니)
누구든지 내 음성을 듣고 문[마음]을 열면 내가 그에게로 들어가
그와 더불어 먹고 그는 나와 더불어 먹으리라."
(계 3:20)

믿음과 선택

제1장에서 정체성 확립과정을 통하여 우리는 자신의 행동을 결정하는 유일한 자라는 사실을 배웠습니다. 이것은 우리에게 무엇을 말하는 것일까요? 하나님의 축복을 경험하고 싶다면, 우리는 그분의 하늘의 정체성을 확립하여 성경에 씌어진 행동지침대로 순종할 것을 요구하는 원칙을 지켜야 할 필요가 있습니다. 이러한 순종은 기꺼이 자원하는 마음(willing heart)에서 우러나와야 하는데, 그러면 주님께서 우리들의 거듭난 영혼 속에 이미 심어 놓으신 능력에 의해 믿음이 생성되는 것입니다.

"너희는 스스로 할례를 행하여 너희 마음(애정의 자리, 자유의지) 가죽(굳어서 무감각, 무자비함)을 베고 나 여호와께 속하라." (렘 4:4)

우리는 이미 양자택일에 대해 이야기했기 때문에, 이 문제에 대해 좀 더 상세하게 부연 설명하고자 합니다. 올바로 아셔야 합니다. 우리는 좋든 싫든 간에 하나님과 사탄의 제안 사이에서 선택해야만 하는 상황에 직면하게 될 것입니다. 이것이 정체성의 주제를 의미하는 전부입니다.

어떤 사람들은 하나님이 우리들의 믿음과 선택의지를 무시하고, 주님이 원하면 언제 어느 때에 어떤 일이라도 하면서, 아무런 제한을 받지 않고 행동하는 꼭두각시 조종사와 같을 것이라는 순진한 생각을 합니다. 이는 사실과 전혀 다릅니다. 하나님과 우리들 사이에는 하나님의 성품이신 사랑 이외에는 아무런 불순물이 끼어 있지 않습니다. 하나님의 사랑은 우리에게 개인적인 결심에 대한 자유를 주시고, 우리 자신의 운명을 결정할 자유도 주십니다.

"사랑은…무례히 행하지 아니하며 자기의 유익을 구하지 아니하며…" (고전 13:4,5)

기본적으로 우리의 모든 주도적인 행위의 추진요소이자 자원이라고 할 수 있는 "결심하는 능력"은 자신이 더 좋아하는 애착으로부터 자신의 행동 모범을 만들어 냅니다.

"인간은 하나님의 뜻을 따르든지 혹은 그와 반대되는 것을 따르든지 간에 자유 의지를 가지고 있으며, 그에 따르는 의무를 다해야 하는 존재로 여겨진다." (국제 표준성경용어 사전)

이것이 작용하는 방법은 다음과 같습니다. 인간은 영적 세계(하나님 또는 사탄)로부터 당면한 문제의 정보를 받은 후 그것을 결심하고 결정하는 인간의 의지에게 전달합니다. 그리고 그 사건의 정보가 의지에 도착하여 결심이 만들어지는 것과 동시에 실행 명령이 마음속에 전달됩니다. 행동을 하는 외부 기관(얼굴 표정, 손, 발 등-역자 주)들은 순종하는 지체로 그 명령을 수행하게 됩니다.

말할 필요도 없이, 우리가 자유롭게 내리는 결정은 우리를 둘러싸고 있는 상황과 우리의 전 존재에 영향을 미칠 것입니다. 각각의 결정은 바라는 결과를 가져오는 원인이 되는데, 그것이 축복이 될지 저주가 될지는 두고 볼 일입니다. 기억하십시오. 인간의 의지는 전기와도 같습니다. 올바로 사용되면 우리에게 도움을 주지만, 잘못 사용하면 감전을 당하거나 죽을 수도 있는 잠재력을 가지고 있습니다.

우리가 믿음의 종류(정체성)를 선택할 때와 마찬가지로 우리들의 행동을 선택할 때 "도덕적 책임감"[22] 속에서 그 자유를 찾아야 합니다. 본질적으로 우리 자신이 스스로 결정하는 자유의지는 꼭두각시 인형이나 컴퓨터, 로봇 등과 인간이 다르다는 것을 보여 주는 요소입니다. 그러므로 크리스천의 행동은 인간의 책임감을 기본적인 원칙으로 삼아야 합니다.

"인간의 자유라는 요소는 하나님의 섭리 안에서 충분한 여지가 있다는 사실이 너무나 확실하기 때문에, 인간의 선악을 선택하는 힘(자유의지)을 어디에 주장하고, 가정하고, 호소하는가 증명할 필

---

22) 결단력은 마음에 드는 두 가지 중에서 하나를 선택하는 힘입니다. 그것은 그 상황에 관해 모든 것을 알면서 무엇을 할 것인지 결정하는 것을 의미하는 합성어입니다.

요조차 없다." (마빈 빈센트, 신약용어 연구)

결과 결정

다시 한 번 더 반복하겠습니다. 우리가 받아들이고 싶지 않더라도, 우리는 항상 양자택일을 해야만 하는 순간에 직면합니다. 이 원리는 선택하는 행동뿐만 아니라 무엇을 선택할 것인가에 더 초점을 맞추고 있습니다.

매일 사람들이 수백 가지 선택을 하고 움직였지만 그 선택 결과에 대해서는 잘 알아차리지 못했을 것입니다. 그러나 당신은 마음속에 다음과 같은 진리를 큰 소리로 울려 퍼지게 해야만 합니다. 성령님이 죄를 깨닫게 할 것이며, 마귀는 유혹할 것이지만, 먼저 그의 욕망을 권유하는 힘에 굴복하기 전까지는 어느 것도 인간의 의지를 행동으로 옮기게 강요할 수는 없다는 사실입니다.

"하나님은 자유 의지를 가진 것을 창조하셨다. 그것은 그 피조물이 잘못된 길을 갈 수도 있고, 옳은 길을 갈 수도 있다는 것을 의미한다. 어떤 사람들은 자유롭지만 잘못된 길을 갈 가능성이 없는 피조물이 있을 수 있다고 생각한다; 그러나 나는 그럴 수 없다고 생각한다. 선할 수 있는 자유가 있다면 악할 수 있는 자유도 있기 때문이다. 그리고 자유의지는 악이 있다는 것을 뜻한다. 기계처럼 움직이는 자동인형의 세계는 창조할 가치가 전혀 없지 않은가?" (C.S. 루이스, 『순전한 기독교』)

이것은 인간의 운명을 결정짓는 것은 하나님이나 사탄에 의한 것이 아니라, 우리들의 운명을 결정할 선택의 자유에 의해 좌우된다는 사실을 말해 줍니다. 즉 누구의 명령에 따를 것이며, 누구를 주인으로 삼아 섬길 것인지 결정할 책임은 우리에게 있다는 말입니다. 이 문제에 대해 여호수아는 이렇게 말합니다.

"너희가 섬길 자를 오늘 택하라. 오직 나와 내 집은 여호와를 섬기겠노라." (수 24:15)

요약해서 말하면, 하나님의 축복을 공유할 것인지 혹은 사탄의 고뇌를 껴안을 것인지에 대해, 우리의 결과를 결심할 능력을 주셨을 뿐만 아니라 수시로 변화하는 우리들의 의지를 결정할 능력도 주님께서는 우리의 몫으로 맡겨 주셨다는 사실을 깨달아야만 합니다. 우리의 행동을 선택하는 자유를 가지고 우리는 언제나 마음속에서 결심의 정점에 도달합니다. 신명기 30장의 말씀을 다시 인용하여 봅니다.

"오직 그 말씀이 네게 매우 가까워서 네 입에 있으며 네 마음에 있은즉 네가 이를 깨닫고 행할 수 있느니라. 보라 내가 오늘 생명과 복과 사망과 화를 네 앞에 두었나니" (신 30:14-15)

약속과 조건

당신이 이 말씀에 푹 잠길 때까지 계속해서 말하려고 합니다. 우리가 꼭두각시 인형이나 자동 인형이 아닌 것은 확실하지만 우리가 그렇게 되기를 선택하면 그런 인형처럼 조종당할 수도 있다는 사실을 의미합니다.

자유로운 것은 아주 좋은 것입니다. 그러나 선택의 자유는 당신을 위해 작용하기도 하지만 당신을 불리하게도 만듭니다. 우리는 여전히 문제에 빠져 있으면서 선택을 하며, 설득력 있는 증거에도 불구하고 회의적인 상태로 남아 있을 수도 있습니다.

"그러할지라도 그들은 하나님께 말하기를 우리를 떠나소서. 우리가 당신의 방법을 아는 일에 아무 기쁨을 찾지 않겠나이다." (욥 21:14)

불행하게도 이러한 접근은 우리를 조종하고 있는 견고한 진을 강화시킬 연료를 공급하는 것일 뿐입니다. 여기서 빗나가지 마십시오. 우리들의 결정은 문지기와 같아서 하나님의 약속의 땅으로 들어가게도 하고, 문을 닫아 버리기도 합니다.

하나님의 사랑은 우리의 선택에 대해 반대되는 일을 하라고 팔을 비틀거나 압박을 가하지 않습니다. 하나님께서는 항상 그의 훈계나 격려에 자유로이 응답하는 피조물을 찾고 계십니다. 하나님의 제안에 "예" 혹은 "아니오" 라고 대답할 수 있기 때문에, 하나님의 약속은 언제나 조건부 계약입니다. 다시 말해서, 축복을 주실 때 꼭 따라 붙는 것으로 우리들의 순종과 믿음을 요구하는 조건적 구조를 가지고 있습니다. 여기 신명기 28장 2절에 그 전형적인 예가 나옵니다.

하나님의 약속

"이 모든 복이 네게 임하여 네게 이르리니"

↓

전제조건

"네가 네 하나님 여호와의 말씀을 청종하면" (신 28:2)

여러 가지 이유로 대부분의 크리스천들은 축복에 자연스레 집중하는 경향을 가지고 있습니다. 그러나 너무나도 자주 그들이 축복을 받기 전에 해야 할 필요 조건들을 간과합니다. 하나님의 약속을 보십시오.

"이 모든 복이 네게 임하여 네게 이르리니"

그러나 우리의 할 일을 고려하지 않고 하나님은 우리에게 약속하시지 않으십니다. 경험으로 보아, 하나님의 약속은 언제나 먼저 갖춰야 할 전제조건이 앞에 있습니다.

"네가 네 하나님 여호와의 말씀을 청종하면!"

특히 조건적 약속은 쌍무계약(구속력이 있는 의무계약)으로 양방 간에 이행해야 하는 법적 전제조건을 가지고 있습니다. 인간이 주어진 언약에 조건으로 내건 사항들을 철저히 순종할 경우에만 하나님께서는 축복에 대해 절대적인 보증을 하고 계십니다.[23]

이것은 무엇을 말하는 것입니까? 양방 합의계약은 우리가 하나님의 조건을 이행할 경우 하나님께서는 당신의 축복을 완수하실 것이라고 명기되어 있습니다. 이러한 서약은 하나님의 뜻을 공공연히 거스르고 있을 때 우리들에게 질적 선택을 하라고 요구하는 것입니다.

> "그가 말하는 것이 이루어질 줄 믿고 마음에 의심하지 아니하면"
>
> (막 11:23)

하나님께서는 우리 자신의 욕망을 우리에게 맡기신다

사실을 왜곡시키지 말아야 하겠습니다. 주님은 당신 마음대로 줄을 당기고 춤을 추게 만드는 꼭두각시 인형극 연출자가 아닙니다. 인간의 의지를 억압하지는 않지만, 하나님은 우리들의 선택에 대해 공평한 정의의 원칙을 사용하여 우리들을 다루십니다. 우리가 문을 열면 주님은 들어 오시지만 우리가 문을 열지 않으면, 주님은 밖에서 들어

---

23) 하나님은 당신의 약속을 지키실 수 없다고 거짓말하는 것 자체가 불가능하다: "이는 하나님이 거짓말을 하실 수 없는 이 두 가지 변하지 못할 사실로 말미암아…우리에게 큰 안위를 받게 하려 하심이라. (히 6:18)

오실 수 없습니다.[24)]

　그렇습니다. 만물의 창조주 하나님은 눈에 보이는 것과 보이지 않는 원자까지도 다 창조하셨습니다. 이는 하나님의 동의와 허락 없이는 아무 일도 일어나지 않는다는 것을 뜻합니다.

　　"만물(눈에 보이거나 안 보이는 원자, 미립자, 분자 등)[25)]이 그 안에 함께 섰느니라(응집, 결합)." (골 1:17, 확대해석)

　하나님께서 눈에 보이는 것과 보이지 않는 모든 창조물을 다 조종하고 다스리고 계십니다. 그 어느 것도 하나님의 지탱하는 힘으로부터 떠나 독립적으로 움직일 수 없습니다. 그러므로 우주에서 일어나는 모든 일은 그것이 선한 일이든 악한 일이든 하늘 보좌에 올라가 하나님의 허락을 받은 후에야 발생되는 것입니다.[26)] 하나님의 보좌는 온 세상을 돌아본 만군천사들에 의해 목격된 바에 따라 공평을 바탕으로 결정되는 곳입니다.

　　"내가 보니 여호와께서 그의 보좌에 앉으셨고 하늘의 만군(착한 천사들과 악한 천사들)이 그의 좌우편에 모시고 섰는데" (대하 18:18)

---

24) "하나님을 가까이 하라. 그리하면 너희를 가까이 하시리라." (약 4:8)
25) 하나님은 원자, 분자, 입자, 전자들 모두에게 결합의 형태로 유지시키고 움직임을 주신다. 그것들은 눈에 보이기도 하고 안 보이기도 하는 모든 존재(천사, 세상물질, 사람)들의 기본 덩어리이다.
26) 만물의 지배자 하나님은 피조물의 요구대로 원자가 활성화되도록 할 것이며 또한 보상과 형벌로 판결하실 것이다.

하나님의 천상회의는 다양한 기능이 있습니다. 그곳은 하나님의 천사들이 인간세상을 둘러보고 와서 보고하는 곳이기도 하지만, 사탄과 그의 악마들이 한 인간의 잘못된 행동과 그에 따르는 가능한 결말에 대해 하나님과 심사 숙고하는 법정이기도 합니다.

> "하루는 하나님의 아들들(천사들)이 와서 여호와 앞에 섰고 사탄(적이며 참소하는 자)도 그들 가운데에 온지라." (욥 1:6)

이러한 재판 과정이 진행되는 동안, 우리를 사랑하시는 주님께서는 어떤 사람의 인생에 고난을 허용하시는데, 그렇다고 하나님이 악을 짓는 마왕이 되거나 치욕을 당하거나 병든 것은 아닙니다. 법적인 용어로, 사람이 악마의 거짓말을 따랐을 때 동반되는 결과에 대해 승인(granting)하고 있을 뿐입니다. 아합 왕의 경우가 그 좋은 예입니다.

> "여호와께서 말씀하시기를 누가 이스라엘 왕 아합(그는 이미 악마의 거짓말을 받아 들였다)[27]을 꾀어 그에게 길르앗 라못에 올라가서 죽게 할까 하시니 하나(악한 영)는 이렇게 하겠다 하고 하나는 저렇게 하겠다 하였는데 한 영이 나와서 여호와 앞에 서서 말하되 내가 그를 꾀겠나이다 하니 여호와께서 그에게 이르시되 어떻게 하겠느냐 하시니 그가 이르되 내가 나가서 거짓말 하는 영이 되어 그의 모든 선지자들의 입에 있겠나이다 하니 여호와께서 이르시되

---

27) 대하 18:1-5, 13-17.

너는 꾀겠고(유혹하다, 속이다) 또 이루리라(하나님은 이미 아합의 마음이 거짓말을 받아들이는 쪽으로 기울어진 것을 미리 알고 계셨다) 나가서 그리하라 하셨은즉" (대하 18:19-21, BBE)

이 말씀은 한 가지 부인할 수 없는 사실을 증명합니다. 하나님이 처음부터 아합을 속이도록 예정하여 심판한 것은 아닙니다. 우주만물의 재판장인 하나님은 아합 왕이 사탄의 거짓말에 넘어가 그가 이미 껴안기로 결정한 사악한 자의 악한 요구가 실제로 일어나도록 허락했을 뿐입니다.

속지 마십시오. 사람은 언제나 그의 마음에 믿어야겠다고 신중하게 결정한 일들의 열매를 따게 됩니다.[28] 그러므로 하나님의 사랑이 그의 피조물에게 그들 마음대로 결정할 완벽한 자유를 주셨다면, 악한 일이 그들에게 일어나는 것은 그 자유를 잘못 사용하여 하나님의 계명을 따르지 않기로 선택할 때뿐입니다.

"여호와를 경외하며 악을 떠날지어다." (잠3:7)

---

28) 욥 3:25; 롬 6:16; 벧후 2:19c,d.

심령의 성전 재건

"우리는 살아계신 하나님의 성전이라"(고후 6:16)

하나님의 관점에서 우리와 대화하는 방법은 구약의 성막이 지어졌을 때의 방법과 비슷합니다. 상징적으로 말해서 하나님께서는 오늘날 성령님을 통해 지성소(가장 안쪽의 성막)에 변함없이 계십니다. 이곳은 영화 된 인간의 영혼이라고 알려져 있는 영적으로 재건된 심령의 성전입니다. 그곳에서 하나님은 성막 바깥(육체)은 물론 성막 안(영혼)을 하나님 권능의 위엄으로 가득 채우고 싶어 하시며 이를 위하여 우리들의 의지가 허락하기를 언제나 원하고 계십니다.

"내가 본즉 주께서 높이 들린 보좌에 앉으셨는데 그의 옷자락(영광)은 성전에 가득하였고" (사 6:1)

우리의 구세주, 대속자, 치유자, 피난처, 공급자가 되시는 예수 그리스도는 거듭난 인간의 영혼(지성소)이라고 알려진 우리들의 마음의 성전 속에 이미 살고 계십니다. 이제 하나님 차원의 믿음을 사용하여 우리의 정신적 육체적 영역의 성전에 침투하여 하나님을 충분히 소유하기를 바라십니다.

"만군의 여호와가 이르노라 보라 내가 내 사자를 보내리니 그가 내 앞에서 길을 준비할 것이요 또 너희가 구하는 바 주(메시아)가 갑자기 그의 성전(정신적, 육체적, 영적인 영역)에 임하리니 곧 너희가 사모하는 바 언약의 사자가 임하실 것이라." (말 3:1, 확대해석)

성도: 영적으로 재건된 성전

문밖
성도들의 육체적인 몸 : 거룩한 열정으로 순복하고 주님의 고치심에 재빨리 반응해야만 한다.
뜰안 인간의 영혼 : 인간의 이해를 초월하는 성령님의 마음과 평강으로 변화받아야 한다.
지성소 하나님의 통치하심의 중심에 있는 영화된 인간의 영혼 : 언약의 사자 주 예수 그리스도께서 현재 거하시는 장소이다. 여기에서 우리 주님은 성도들의 몸과 영혼을 통해 당신을 명백히 드러내시기원하신다.

할렐루야! 새 언약의 사자로 오신 주 예수님께서는 이미 우리들 마음속에 오셔서 거하고 계시기 때문에, 예수님은 그의 성도인 인간의 영혼 속에서 두려움이나 불신의 생각으로 억압 받거나 제한 받고 싶어 하지 않으십니다.

> "하나님의 성령을 근심하게 하지 말라(거스르거나, 초조하게 하거나, 슬프게 하지 말라)." (엡 4:30, 확대해석)

하나님의 영광으로 충만한 삶

우리 주님께서는 그의 백성들로부터 찬양 받기를 갈망하십니다. 그분은 우리 영혼의 깊은 곳으로부터 나아와 심신의 제단 안팎을 그분의 하늘 영광의 자유함으로 가득 채우기를 원합니다.

> "나팔 부는 자와 노래하는 자들이 일제히 소리를 내어 여호와를 찬송하며 감사하는데 나팔 불고 제금 치고 모든 악기를 울리며 소리를 높여 여호와를 찬송하여 이르되 선하시도다 그의 자비하심이 영원히 있도다 하매 그 때에 여호와의 전에 구름이 가득한지라. 제사장들이 그 구름으로 말미암아 능히 서서 섬기지 못하였으니 이는 여호와의 영광(구원과 안식)이 하나님의 전에 가득함이었더라." (대하 5:13-14)

하나님의 믿음을 활성화시키는 가장 좋은 방법은 찬양을 통해서입니다. 하나님이 누구신지, 무슨 일을 하셨는지, 또 어떤 일을 앞으로 하실 지를 감사함으로써 당신의 삶에 승리와 찬양의 기쁨을 가져오게 될 것입니다. 효과적인 찬양은 노래 부르기, 손을 높이 들기, 소리 높여 외치기, 손뼉치기, 춤추기, 축복하기, 희열, 웃음, 방언으로 말하기 등을 포함합니다. 이러한 요소는 즉시 당신에게 하나님의 영광의 구름을 가져다 줄 것입니다. 그것은 당신의 영혼과 몸에 성령님의 기름 부으심이 흘러 넘치게 하여 어떠한 마귀의 공격이나 사탄의 견고한 진일지라도 파괴할 것입니다.

"기쁨의 기름(하나님의 기쁨으로 기름부음)으로 그 슬픔을 대신하며 찬송의 옷(표현)으로 그 무겁고 괴롭고 낙심하는 영혼(근심)을 대신하시고" (사 61:3)

이제 마음의 우상을 제거하고 우리를 대신하여 예수님을 주인으로 삼을 준비가 되셨습니까? 우리 주님은 질투가 많아서 마귀와 육의 정욕이 그의 소유를 함께 공유하는 것을 싫어합니다. 그분은 자신만이 찬양받기를 원합니다.

"주의 전을 사모하는 열심이 나를 삼키리라." (요 2:17)

왜 지체하십니까? 흥분하시고 기쁨으로 뛰세요. 하나님은 당신이 그의 이름으로 마귀를 결박하고 모든 반대를 깨뜨리기 시작할 때 당신의 찬양을 통해 움직이기 시작하실 것입니다.

새 언약의 천사는 영광의 구름으로 그의 성전 안으로 들어오고 싶어합니다. 말씀의 채찍으로, 주님은 당신의 보혈로 사신 바 있는 우리들의 마음과 육체의 성소를 다시 소유하기 위하여 우리의 믿음을 사용하실 것입니다. 그는 우리 마음(성전)에 들어 오셔서 하나님의 백성들이 정신과 육체의 부유함을 누릴 권리를 거짓말과 바꾸어 팔아 먹는 악한 상인(사악한 영혼)들을 몰아낼 것입니다.

> "성전 안(둘러 싸인 곳)에서 소와 양과 비둘기 파는 사람들과 돈바꾸는 사람들이 앉아 있는 것을 보시고 노끈으로 채찍(매)을 만드사 양이나 소를 다 성전에서 내쫓으시고 돈 바꾸는 사람들의 돈을 쏟으시며 상을 엎으시고 비둘기 파는 사람들에게 이르시되 이것을 여기서 가져가라(나가라) 내 아버지의 집으로 장사하는 집(시장, 판매점)을 만들지 말라 하시니" (요 2:14-16 , 확대해석)

믿음의 행동으로 기꺼이 성령님이 시키는 대로 순종하는 자는 부활하신 주님을 마음의 성전 안과 밖으로 들어오도록 내어드립니다. 주님은 그들의 정신과 육체의 성소에 하늘의 영광(Shekinah glory 하나님의 현현)을 나타나게 하여 예수님의 이기는 권능으로 승리케 하시며, 마음의 자유, 육체의 치유, 그리고 부자연스런 열정으로부터 자유함을 누리게 하실 것입니다.

행동하는 믿음

"루스드라에 발을 쓰지 못하는 한 사람이 앉아 있는데
나면서 걷지 못하게 되어 걸어 본 적이 없는 자라.
바울이 말하는 것을 듣거늘
바울이 주목하여 구원받을 만한 믿음이 그에게 있는 것을 보고
큰 소리고 이르되 네 발로 바로 일어서라 하니
그 사람이 일어나 걷는지라."

(행 14:8-10)

사도행전 14장 8-10절에서, 발을 쓰지 못하는 사람이 신의 약간 변덕스러운 마음 때문이 아니라 나을 것이라는 믿음이 있다는 사실에 근거하여 고침을 받았다는 것을 주목하십시오. 이 성경 구절은 나을 것이라는 믿음을 가지는 것이 조건이며, 반면에 나을 것이라는 믿음을 가지지 못하는 사람도 있다는 사실을 암시하고 있음을 여실히 보여 주고 있습니다.

이 사실을 반박할 여지는 없습니다. 하나님은 우리들의 삶 속에서 그의 목적을 이루기 위해 우리의 믿음에 의존합니다. 믿음은 우리의 자유로운 선택에 의해 좌우되기 때문에 하늘의 축복의 문을 열기도 하고 닫기도 하는 것은 우리의 결정에 달려 있습니다.

루스드라에 발을 쓰지 못하는 사람의 경우에, 그의 믿음이 하나님을 기쁘시게 했습니다. 왜냐하면 자신을 위해 병 고침의 축복을 명

백하게 해 줄 합법적인 능력을 하나님께 제공했기 때문입니다. 반면에 믿지 못하는 태도는 하나님을 슬프게(애통하게) 합니다. 왜냐하면 우리에게 오는 하나님의 축복을 사탄에게 보류하도록 붙잡을 법적 권리를 양도하기 때문입니다.

"믿음이 없이는 하나님을 기쁘시게 하지 못하나니" (히 11:6)

사람은 믿음 없는 존재가 아니다

하나님 차원의 믿음(The Faith of God)을 가짐에 있어서 중요한 요소는 사람은 원래 믿음을 가지고 태어난 존재라는 것을 아는데 있습니다. 이것이 이번 장에서 언급할 중심주제입니다. 믿음은 우리가 옳고 그른 것 사이에서 결정해야 하는 선택을 표현하는 통로입니다. 결론적으로, 당신은 믿음을 가지고 태어났기 때문에 믿음을 가지는 능력을 구할 필요는 없습니다.

앞에서 이미 언급한 것처럼, 사람은 믿음을 가지고 있다는 사실을 회피할 수 없습니다. 그 사실을 알든 모르든, 인간은 성령님의 영역에서의 믿음이거나 아니면 생각이나 감각의 보편적 믿음이거나, 항상 믿음을 행사하면서 살아갑니다. 그러니까 사람은 자신이 살아 있는 동안 선한 믿음이든 악한 믿음이든 계속해서 믿음을 생성하게 되어 있습니다.

태어날 때부터 영적으로 죽은 죄인인 우리들은 불신과 거역을 하게 하는 자연적인 믿음을 구사하는 능력을 유산으로 받고 태어났습니다. 반면에 하나님 차원의 믿음을 가지게 되면 그 상황은 360도 변화합니다. 이런 종류의 믿음은 평범한 사람들의 이해를 능가하는 성령님에 의해 개발될 수 있습니다. 그것은 하나님의 말씀대로 행동하는 거듭난 영혼의 힘으로 움직임이 요구됩니다. 선택은 우리들의 것입니다.

　예를 들면, 예수님은 제자들에게 믿음 없음을 질책했을 때, 그들이 믿음 없는 존재라서가 아니라 하나님 차원의 믿음이 부족함을 탓했습니다.

　　"믿음 없는 자가 되지 말고 믿는 자가 되라." (요 20:27)

　명백히 이 요한복음 20장 27절의 말씀은 "하나님 안에서 믿음을 행하면 믿음을 가진 자"라는 보편적 오류에 관한 다른 그림을 보여 줍니다. 잘못된 가르침에 속지 마십시오. 우리가 육의 세계에서는 불가피하게 사탄의 부정적인 믿음(두려움, 걱정, 좌절, 불신 등)을 만들어 내는데 현대의 교회 내에 널리 퍼져 있는 고질병입니다. 이러한 부정적인 종류의 믿음은 그대로 내버려 두는 한 점점 더 커지고 강화될 것입니다.

　그러므로 여기서의 문제는 믿음을 가지는 것에 관한 것이기 보다는 오히려 우리들의 믿음의 질에 관한 것입니다. 예수님은 그의 제자들에게 믿음을 가지라고 북돋았습니다. 그러나 또한 그 믿음이 하나님의 영적인 영역에서 나오는 믿음이어야 한다고 분명히 하셨습니다.

"예수께서 그들에게 대답하여 이르시되 하나님을 지속적으로(현재 시제로 계속 반복되는 일을 의미한다) 믿으라." (막 11:22, Wuest)

아래 그림은 믿음의 요소가 자유의지 혹은 감정의 자리로 알려진 인간의 마음(Gr. kardia)의 결정에 의해 어떻게 생성되는지 보여 주는 그림입니다.

믿음의 분석

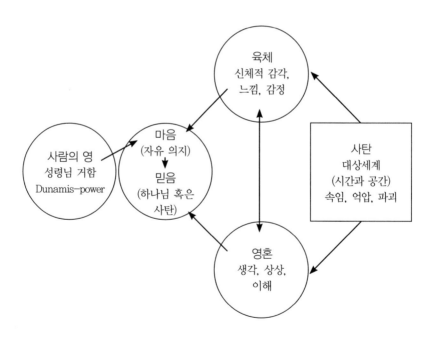

이 표가 의미하는 바를 이해하십니까? 우리의 마음이 항상 두 개의 가능성에 직면하고 있는 것을 보십시오. 거듭난 사람의 영에서 발견될 수 있는 하나님의 진리에 복종하는 것을 선택할 수도 있고, 혹은 육의 지적인 세계에서 발견되는 마귀의 거짓말을 껴안을 수도 있습니다. 확실히 인간의 의지가 어떤 결정을 할 때마다 믿음이라고 불리는 행동이 나타납니다.

"사람이 마음으로 믿어 의에 이르고" (롬 10:10)

믿음 그 자체는 선악이 없습니다. 그것은 오직 우리들의 욕망에 의해 일어나는 구조입니다. 하나님의 관점에서는 믿음이 영적인 힘에 따라 긍정적이기도 하고 부정적이기도 합니다. 이 영적인 힘은 주어진 상황에 어떤 행동을 해야 하는지 우리의 의지에 영향을 미칩니다. 성령님은 우리가 하나님의 능력으로 강건하게 해달라고 직접적으로 요청할 수 있음을 보여 주시면서 하나님 차원의 믿음을 사용하라고 격려합니다. 그러면 우리는 하나님 차원의 믿음을 사용하여 효과적으로 적과 맞서서 승리할 수 있게 됩니다:

"그의 성령으로 말미암아 너희 속 사람을 능력(dunamis-믿을 수 있는 능력)으로 강건하게 하시오며 믿음으로 말미암아 그리스도께서 너희 마음에 계시게 하시옵고" (엡 3:16,17)

믿음과 하나님의 능력

믿음을 훈련해야 할 때가 오면, 거듭난 영은 모든 사탄의 방해를 뚫고 나갈 다이너마이트 같은 폭발력을 가진 능력입니다. 그렇지만, 흥미롭게 여겨지는 몇 가지 조건이 있습니다.

하나님은 절대로 우리에게 그의 능력을 그대로 덧입히는 분이 아니십니다! 앞에서도 언급했지만, 그의 성령의 능력은 오직 다음과 같은 조건을 전제로 할 때에만 우리를 위해 일하실 것입니다. 우리의 마음은 하나님의 말씀 안에서 믿음을 행사하기를 선택하여, 그의 축복을 받을 적임자가 될 수 있습니다. 그러나 반면에 마귀의 거짓말을 선택하여 마귀가 마련해 놓은 고통의 대상이 될 수도 있습니다. 아주 단순합니다.

구약시대의 사람들처럼, 신약시대의 성도들은 하나님의 계명을 순종할 것인지 아니면 사탄의 거짓말에 굴복할 것인지를 결정해야 하는 책임감과 함께 자유의지를 가진 자들입니다. 물론 모세의 율법과 신약시대의 교회 사이에는 차이가 있습니다.

구약의 율법시대의 성도들은 영적으로 죽은 자들이었으며, 그들의 혼과 육의 감각 내에서만 움직일 수 있었습니다. 성령님이 살아 움직이는 신약시대의 교회는 훨씬 더 유리한 위치에 있습니다. 영화 된 영의 영역으로부터 예수님의 부활의 능력을 끌어 낼 수 있고, 육의 영역에서 마음에 일어나는 교묘한 속임을 넘어설 수 있으며, 하나님의 다이너마이트와도 같은 강력한 권능을 사용하여 마귀의 공격을 효과적으로 파괴할 수 있게 된 것입니다.

> "우리가 육신으로 행하나 육신에 따라 싸우지 아니하노니—우리
> 가 육신의 경험으로 행동할 것을 명령 받으나, 단순한 인간의 생각
> 에 따라 악과의 전쟁을 수행하지 아니하노니" (고후 10:3)

마가복음 11장 23절: 영적 전투 전략!

"누구든지 이 산더러 들리어 바다에 던져지라 하며
그 말하는 것이 이루어질 줄 믿고 마음에 의심하지 아니하면
그대로 되리라."
(막 11:23)

마가복음 11장 22절에서 예수님은 이 책의 주제인 "교회여, 하나님의 믿음을 가져라"라고 군령을 내리는 설교로 시작됩니다.

그리고 나서 즉시 23절에서는 예수님께서 말씀하시는 종류의 절대 믿음을 우리가 어떻게 개발할 수 있는가에 대해 설명하십니다. 여기서 예수님께서는 효과적으로 싸워서 어둠의 권세를 이길 수 있는 전쟁전술에 대하여 간략하게 설명하십니다. 이러한 원리들에 대해 이미 1장에서 상세히 설명한 바 있지만; 그 나머지 부분들을 앞으로 상세히 설명 하고자 합니다.

마가복음 11장 23절에서 예수님께서는 특별한 상황과 전술을 가지고 있는 세 가지 전쟁무대를 보여 주십니다. 승리를 쟁취하고 우리의 기도가 하나님에 의해 응답되기를 원한다면 반드시 다음의 단계를 따라야 할 것입니다.

- 공격선
- 방어선
- 저지선

아래 표는 마가복음 11장 23절에서 예수님께서 말씀하신 하나님의 전략이 어떻게 일어나는지 한 눈에 보여 줍니다.

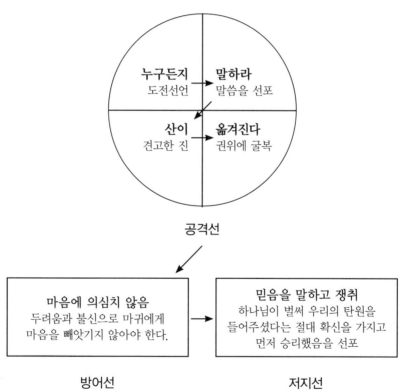

공격선

이것은 우리의 첫 번째 전쟁무대입니다. "누구든지"라고 말씀한 것은 예수님께서 바로 당신과 나 그리고 역경에 빠진 모든 사람들에게 하나님 차원의 믿음으로 도전할 것을 명령하시는 것입니다. 예수님은 지금 우리에게 "누구든지 - 믿고 말하면 - 산을 옮기리라"는 전략을 가지고 당신의 말씀을 시험하고, 그것에 따라 행하면 따라오는 기적으로 당신의 말씀을 확증하시겠다고 말씀하십니다.

즉, 예수님께서 말씀하시는 "누구든지" 에 해당하는 우리들은 하나님의 검인 성경말씀을 선포하고(말하고), 산 혹은 견고한 진에 정면으로 나아가서, 하나님 말씀의 권위(Gr. Exousia, 통치권)를 사용하여 산과 견고한 진을 없어지라고 명령함으로써 눈 앞에 놓인 문제와 맞서라는 것을 의미합니다. 이 "공격선"을 구축하기로 우리가 결심했을 때 비로소 구원의 과정이 우리의 삶에 이루어지기 시작할 것입니다.

방어선

영적 전쟁의 두 번째 무대는 위기 가운데에서 의심해서는 안 된다는 사실을 강조하고 있습니다.

의심한다는 것은 가장 나쁜 시나리오입니다. 의심하는 것은 실상이 아니라는 것을 명심하십시오. 그것은 마귀가 주는 것입니다. 그것은 하나의 영이며, 하나의 인격이며, 천사의 힘과 맞먹는 힘을 가지고 있습니다. 그러므로 우리가 의심하기 시작하여, 이중적인 마음을 표현할 때마다 우리는 적의 거짓말에 무릎을 꿇게 됩니다. 바로 그때 우리는 적에게 법적인 권리를 양도한 것이며 하나님도 천상의 보좌에서 더 이상 우리를 위해 싸워 주실 수 없게 되는 것입니다.

"누구든지 진 자는 이긴 자의 종이 됨이라." (벧후 2:19)

저지선

끝까지 버티는 인내(persevering)는 적을 물리치기 위한 하나님의 전쟁 전술의 마지막 관문입니다! 상황이 아무리 희망 없어 보여도 벌써 영적인 영역에서는 승리했음을 선포하고 전진을 계속해야만 합니다. 우리의 입술을 통해 "믿고, 선포하고, 쟁취함"이라는 하나님의 말씀을 계속 되뇌면서 나아갑니다. 때가 되면 우리들의 믿음이 완성되는 시점에 모든 것이 구체적으로 실현될 것입니다.

마가복음 11장 24절의 핵심

마가복음 11장 23절은 예수님께서 지금까지 가르치신 말씀이 한 마디로 요약되어 계시된 24장으로 이어집니다. 그러므로 마가복음 11장 24절은 하나님의 믿음을 성공적으로 수행하기 위해 따라야 할 다섯 가지 중요한 원리를 제시하고 있습니다.

"그러므로 내가 너희에게 계속 말한다. 무엇이든지 기도하고 구하는 모든 것은 받은 줄로 지속적으로 믿으라. 그리하면 가지게 될 것이다." (막 11:24 저자의 해석)

이 구절에서 다섯 가지 핵심단어가 나옵니다. "기도, 구함, 믿음, 받음, 취함" 이 다섯 가지 핵심원리는 분리될 수 없습니다. 본질적으로 이들은 도미노와 같습니다; 그들은 모두 한꺼번에 서 있지만, 하나가 무너지면 다 무너져 버립니다. 의심할 나위 없이 이들은 하나님께서 우리에게 당신의 축복을 부어 주시기 위해 우리가 행하기를 기대하시는 믿음의 원리입니다.

하나님의 믿음을 실천하는 5가지 원칙

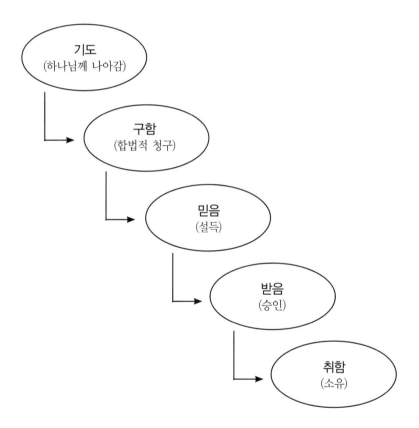

이 다섯 가지 핵심 요소 "기도, 구함, 믿음, 받음, 취함"은 당신의 삶을 혁신시킬 것입니다. 이들은 하나님께서 약속하신 축복의 땅으로 당신을 인도해 줄 나침반과 지도입니다. 이 각각의 원리들을 하나씩 연구해 봄으로써 그들이 전체적으로 어떻게 일하는지를 발견할 수 있을 것입니다.

기도

우리가 우리의 필요를 채우기 위한 마음으로 하나님께 나아갈 때 기도의 기본 요소가 늘 그림처럼 떠오릅니다.

"쉬지 말고 기도하라." (살전 5:17)

기도에 있어서 가장 중요한 것은 기도하는 것 자체로 끝나는 것이 아니라, 끝까지 기도해야 한다는 것입니다. 만약 우리가 하나님께 드린 기도에 대해 응답 받기를 원한다면, 그 비밀은 기도하는 행위에 있지 않고, 우리가 어떻게 기도하느냐 하는 본질적인 문제에 있습니다.

기본적으로, 기도는 주님과 소통하기 위해 대화하고 그 자리에 머무르는 것입니다. 주님과의 대화를 보다 효율적으로 하기 위해서는, 하나님이 우리의 기도를 듣고 이해하시리하는 적극적인 믿음으로 기도(믿음의 기도)해야만 합니다.

"하나님의 믿음을 가지라." (막 11:22, Concordant Literal New Testament)

구함

하나님의 믿음을 훈련하기 위하여, 기도의 행위는 제일 먼저 "구함"의 요소와 결합될 필요가 있습니다. "구하다, 요청하다(to ask)"라는 동사는 헬라어의 "아이테오: aiteo." 에서 나온 말입니다. 이 말은 법적으로 우리에게 속한 것을 달라고 요청할 때 쓰는 "탄원, 청구, 간청, 소환"과 같은 법정에서 쓰이는 공식적인 용어입니다:

> "내 이름으로 무엇이든지(어떤 것이든지) 내게 구하면(Gr. aiteo) 내가 실행하리라(일하다, 만들다, 창조하다, 구성하다)." (요 14:14 Mitchell New Testament)

구함의 개념은 믿는 자들의 "자유의지"에서 없어서는 안 될 절대적인 부분입니다. 기도할 때 우리의 권리를 주장(Gr. aiteo)하는 것은, 예수 그리스도에 의해 이미 우리에게 주어진 하나님의 축복을 누리기 원한다고 하나님의 법정 앞에서 시위하는 것과 같습니다.

"너희가 얻지 못함은 구하지(Gr. aiteo, 합법적 주장, 요구) 아니하

기 때문이요" (약 4:2, Concordant Literal New Testament)

할렐루야! 예수님이 대신 감당하신 일 덕분에 이보다 더 쉬울 수는 없습니다. 다시 말해서 죄, 억압, 질병 이 모든 것을 예수님께서 십자가에서 벌써 다 감당하시고 승리하셨기 때문에 당신은 그저 구하기만 하면 됩니다.

믿음

기도와 구함의 과정은 제단 앞에 우리의 간구를 가지고 나아가도록 허락 받은 것입니다. 그러나 또 다른 거룩한 개념이 동반되지 않는다면 이들은 아무 의미가 없어집니다. 바로 "믿음"의 행위입니다.

헬라어에서 믿음(Gr. pisteuo)은 확신과 설득(to convince and persuade)이라는 두 개의 비슷한 단어와 연결되어 있습니다. 만약 당신이 구하는 것에 대하여 확신하지도 않고, 설득할 수도 없다면, 기도의 핵심이 없는 것입니다.

확신(convince)이라는 복합동사는 재미있는 뜻을 가진 라틴어입니다. '전체, 전부'를 뜻하는 'con'과 '정복하다, 획득하다'를 뜻하는 'vince'의 합성어입니다. 여기서 'vince' 는 어떤 사람의 통치요구에 대해 항복한다는 의미를 가지고 있습니다. 그리고 설득 (persuade)이라는 단어는 라틴어로 '철저히 강요하는, 재촉하는' 이라는 뜻을 가지고 있는데, "완전히 영향을 받은 상태"를 말합니다. 간단히 말해서 믿음은 하나님의 명령에 순종하게 됨으로써 "내 의지의 완전한 내려 놓음"을 내포하는 말입니다.

근본적으로 믿음은 어떤 한 사람이 승리를 확신하면서, 하나님의 말씀 안에서 하나님이 말씀하시는 것에 철저히 영향을 받아 자신의 의지, 생각, 입술의 표현까지도 완전히 내려 놓은 상태를 나타냅니다. 그러므로 우리가 설득과 확신(persuasion and conviction)이란 단어의 파생어로서 믿음에 대해 이야기할 때, 우리는 인간의 의지를 설득하고 회유하여 동의를 얻어내려는 하나님의 간청과 사탄의 유혹에 대해 말하고 있는 것입니다.[29]

이제 이 원리를 이해하셨습니까? 하나님의 진리에 "완전히 손들다"는 말은 아직 눈으로 하나님의 약속을 보지 못했음에도 불구하고, 우리가 처음에 요청한 우리의 기도에 이미 응답하신 주님을 믿고 확신한다는 것을 의미합니다. 아브라함의 믿음에 대해 "믿음의 조상"이라고 한 것처럼 말입니다.

"약속하신 그것을 또한 능히 이루실 줄을 확신하였으니" (롬 4:21)

불신이라는 반역의 길을 떠나 이제 성령님과 싸움을 그칠 때가 되었습니다. "네, 주님, 모든 것을 내려놓습니다."라고 고백하십시오. 이

---

29) 우리들의 믿음이 하나님의 설득에 의해 비롯될 때, 하나님 말씀의 진리에 대한 증거를 가지고, 하나님의 은혜를 받게 된다. 사탄의 잘못된 설득에 기인한 믿음은 잘못된 증거를 낳고 파멸의 길로 치닫게 된다.

것이 바로 믿음의 원리입니다.

받음

믿음이 아무리 중요하다 하더라도 받음(Gr. lambano)의 행동이 없는 믿음은 아무것도 아닙니다. 기도하고 구하고 믿었는데 받지 못한다면 그 믿음은 하나님께서 하신 말씀에 대해 심리적 동의를 만들어내는 망상의 경험으로 이끌게 됩니다.

안타깝게도 받음의 부분에서 대부분의 성도들이 걸려 넘어집니다. 누구나 기도하고 구하고 심지어 믿는 시도까지 합니다. 그러나 아주 소수의 사람들만 역풍을 뚫고, 그들이 기도하고 구하고 믿은 것에 대한 응답을 받는 자가 됩니다. 헬라어에서 받음(receiving)이라는 단어는 사물을 꼭 붙잡는 (seizing)행동을 내포하고 있습니다. 문자적으로 해석하면, "몰두하다", "꽉 붙잡다", "전용하다" 라는 뜻입니다.

실수하지 마십시오. 기도하고 구하는 것은 굉장한 일입니다. 그러나 믿음의 과정에서 가장 중요한 것은 당신의 실제 삶 속에 하나님의 축복을 이미 받았다는 사실을 믿는 것입니다.

"너희가 기도 할 때에 무엇이든지 믿고 구하는 것은 다 받으리라."
(마 21:22)

취함(소유)

마지막으로 "받은 자"는 또한 그들이 "가지고" 싶다고 요구한 것들에 대한 약속을 즉시 "소유한 자"가 됩니다.

대부분의 사람들은 마가복음 11장 24절에서 "그대로 되리라(having)"의 개념을 하나님께서 우리의 삶 속에 그의 축복을 눈에 보이게 구체화 시켰을 때에만 일어난 것이라고 생각합니다. 사실, 올바른 문맥으로 해석해 보면 당신이 실현되리라 믿는 것이 아직 나타나기 전에, 눈에 보이지는 않지만 실제로 실현되었다는 것입니다. 왜 그런지 이유를 설명 드리겠습니다.

헬라어에서는 동사 "가지다(to have)" 가 "에코(echo)" 라는 단어에서 발견됩니다. 이 우아한 단어는 " 자신의 것으로 간직하다" 라는 뜻이 있습니다. 즉 실제 소유자라는 개념까지 생각할 수 있습니다. 희랍어의 "echo:가지다" 와 영어의 "echo:메아리" 사이에 보이는 비슷한 점을 깊이 생각해 보면, 이렇게 말할 수 있습니다. 실제 하나님 차원의 믿음을 가지고 있는 사람은 항상 "나는 가졌어!... 나는 가졌어!... 나는 가졌어!" 라고 메아리처럼 반복해서 되뇌는 말을 한다는 것입니다. 다시 한 번 예수님은 말씀하십니다.

> "…마음에 이미 받았다고(승인) 계속해서 믿으십시오. 그러면 가지게(echo 소유) 될 것입니다." (막 11:23, 저자의 해석)

이렇게도 설명할 수 있습니다. 하나님의 믿음(The Faith of God)을 통하여 우리가 해야 할 일은 눈에 보이지 않는 하나님의 말씀을 붙들고 믿음을 계속 올려 드리는 것입니다. 다시 말해서, 우리는 믿음으로 구하고 약속을 받은 그 순간에 이미 하나님의 축복을 소유한 자가 된다는 것입니다. 현실에서는 아직 눈에 보이지 않음에도 불구하고 우리가 먼저 하나님의 축복을 이미 받은 자라고 선포하며 나아갈 때, 우리가 소망하는 일들은 우리의 믿음의 연단이 완성되는 시점에서 나타날 것입니다.

"무릇 있는(echo) 자는 받아(영의 영역에서 벌써 받은 것이 확실한 것) 넉넉하게 되되(echo)" (마 13:12)

마가복음 11장 24절의 다섯 가지 핵심사항을 공부하고 난 후에 당신은 "기도, 구함, 믿음, 받음"의 개념이 "취함"으로 압축되는 것을 깨달았을 것입니다.

소유한 것을 소유하기

(실 소유 대 법적 소유)

지금까지 무언가를 가진다는 개념은 언제나 소유했다는 것을 의미한다는 사실을 살펴보았습니다. 그러므로 법적으로 우리가 소유하고 있는 것을 실제로 소유한다는 것이 중요한 일입니다.

"야곱 족속은 자기 기업을 누릴 것이며

(법적인 소유물을 실제로 가지게 될 것이며)" (옵 1:17)

법적인 관점에서 보면, 하나님의 자녀는 영적인 구원, 정신적 해방, 육체적 치유, 환경의 예비와 공급 등에 대해 정당한 소유자입니다. 하나님이 관계되어 있는 한 이러한 축복들은 성경에 명시된 합법적 권리이며, 하나님이 주신 상속권입니다. 그러나 이러한 축복이 사실이긴 하지만, 그저 종이 위에 존재하는 법조문일 뿐입니다.

"기록되었으되" (마 4:4)

당신은 법적으로 당신에게 속한 것을 실제로 자신의 것으로 경험하고 계십니까? 적이 당신의 인생에서 하나님으로부터 받은 소중한 축복을 훔쳐가 버린 것은 아닌가요? 이제 당신의 인생을 변화시킬 성공의 열쇠가 여기 있습니다. 글로 씌어져 법적으로만 존재해 온 하나님의 약속을 실제 당신의 것으로 만드는 것은 바로 당신의 믿음이라는 것을 아는 것이 중요합니다. 즉, 법적 소유와 실 소유 사이에 믿음을 사용하여 하나님으로부터 받은 권리를 사용(청구, 수용)하겠다는 성도의 의지와 소망이 필요합니다.

> 지금 영적 침체기를 겪고 계십니까?
> 앞으로 나아가고 싶은데
> 시멘트 벽에 부딪혀 꼼짝 못하는 느낌이 드십니까?
> 그렇다면 당신의 믿음을 점검해 보셔야 합니다.

멈추어 서서 생각해 보십시오. 한 사람이 은행에 자신이 소유하고 있는 모든 돈의 법적인 소유자임을 주장하면서 자신의 돈이 많음을 자랑합니다. 그렇지만, 은행에 가서 통장에 있는 현금을 믿음을 가지고 찾는 행위를 수행하기 전에는, 그는 결코 법적으로 소유한 것을 실제로 소유했다고 말할 수 없을 것입니다.

불행하게도, 대부분의 성도들은 성경에 명시된 권리들 중의 겨우 하나 정도는 청구해서 가지고 있을 것입니다. 영적인 구원입니다. 그러나 슬프게도 마음의 평화와 육체적 고침과 같은 권리들은 적에게 빼앗도록 허용하고 있습니다. 또 어떤 이들은 여러 차례 승리를 주장하며 사탄을 제압하는 힘을 가지고 있기도 하지만, 말로 하는 만큼만 나아갈 뿐입니다. 위기가 닥치면, 그들은 종이조각처럼 찢기고 허물어지고 맙니다.

크고 작은 정도의 차이는 있겠지만 대부분의 성도들이 성경에 약속되어 있는 권리를 청구하는데 실패하는 원인은 그들의 영혼에 부여한 하나님의 권능[30]을 인식하지 못하고 몽유병에 걸린 상태이기 때문입니다.

실제로 크리스천 중에서 아주 소수만이 하나님의 축복을 청구하기 위해 더욱 더 나아갔으며, 믿음의 행위를 통해 그들의 기도에 대한 응답을 받았습니다.

이것이 절대적인 진실입니다. 법적인 소유가 즐거움이 되기 위해서는 실제로 소유해야 합니다. 이제 믿음의 성도들은 하나님의 약속의 땅을 향해 진군할 때입니다. 우리가 이미 실제로 소유한 것을 하나님의 말씀으로 선포하며 나아가기 시작할 때 우리를 방해하는 적들은 물러갈 것입니다.

"내가 이제 시혼(헬라어로 격렬한 폭풍우, 휩쓸어 버리는, 지워 버리는)과 그의 땅을 네게 넘기노니 너는 이제부터 그의 땅(그의

---

30) Gr. dunamis, ability to resurrect in victory. 헬라어. dunamis, 부활의 능력

법적인 소유권 무효를 선언)을 차지하여 기업으로 삼으라 하시더니" (신 2:31)

요약해서 말하면, 마가복음 11장 22-24절의 말씀은 기도, 구함, 믿음, 받음, 취함의 개념은 예수님이 우리에게 하나님의 말씀 안에서 믿음을 행하는 가장 강력한 원리를 가르쳐 주신 것입니다. 이러한 원리에 따라 담대하게 행진하는 사람들은 거룩한 자유의 경지에까지 높이높이 날아 오를 수 있을 것입니다.

제3장

믿음과 그에 상응하는 행동들

동의

"너희 믿음대로 되라."
(마 9:29)

앞 장에서 우리는 주님께서 우리의 결심과 우리가 선택한 믿음의 종류를 존중하신다는 것을 배웠습니다. 법적인 용어로 믿음을 통한 동일시는 하나님과 사탄 둘 중 하나에게 우리를 위하든 대적하든지 간에 법적 권리를 부여한다는 것입니다.

마태복음 9장 29절에서 예수님께서 말씀하신 동의의 원리는 마가복음 11장 24절에서 본 바 있는 다섯 가지 원리와 연결되어 있습니다. 즉 기도하고, 구하고, 믿고, 받고, 가지는 행위는 우리가 믿는 것이 우리의 삶에서 이루어질 것이라고 동의하는 서류에 하나님 혹은 사탄에게 도장을 찍어 주는 것과 같습니다. 그 다음에는 우리가 누구에게 동의하였는지에 따라서 우리에게 필연적인 결과가 발생하게 될 것입니다.

우리는 하나님이 우리를 위해 하시기로 약속하신 것은 무엇이든지 요구하고 기도할 수 있습니다. 그러나 만약 축복해 달라고 하나님께 기도하고 난 후에 우리가 사탄의 거짓말을 믿고 받아들이기 시작한다면, 언제나 역풍을 만나 흔들리고 이루어지지 않는 약속에 지칠 것입니다. 이에 대해 성령님은 다음과 같이 말씀하십니다:

"이런 사람은 무엇이든지 주께 얻기를 생각하지 말라." (약 1:7)

그렇습니다! 양다리를 걸친 이중적인 마음은 기독교에서는 응답 받지 못하는 기도의 주된 요인이 됩니다.

이 사실을 아는 것이 중요합니다. 거룩한 믿음은 단지 성경에 씌어진 말씀이 진리라고 인정하는 것으로 끝나면 안 됩니다. 행동이 없는 동의는 그저 마음으로만 하는 동의일 뿐입니다. 이와는 대조적으로 "하나님의 믿음"은 하나님의 말씀에 동의 할뿐만 아니라 시련의 때에 그 말씀을 행동에 옮기는 것까지 하는 것입니다. "시도해 보지 않은 일을 성공할 수는 없다" 라는 말도 있습니다. 성경적으로는 "행동하지 않은 일을 성공할 수는 없다" 라고 바꾸어 말할 수 있습니다.

마태복음 9장 29절에서 "~대로(according, 동의 일치)"라는 말은 임의의 조건을 충족시키는 원리를 가리키는 것입니다. 다른 말로 하나님이 우리를 축복하신다는 개념은 말씀에 따라 행동하기로 결심하는 것이 먼저 선행되어야 한다는 것을 뜻합니다. 그래야 하나님께 우리의 일을 떠 맡을 사법권을 제공할 수 있기 때문입니다.

거룩한 동의의 세 가지 규칙

"두 사람이 뜻이 같지 않은데 어찌 동행하겠으며"
(암 3:3)

전능한 하나님의 뜻과 일치하는 언약을 맺는 것이 얼마나 중요한 지를 알아야 합니다. 마가복음 16장 20절에 하나님이 믿는 자들을 다 룰 때 사용하시는 세 가지 중요한 원칙이 제시되어 있습니다. 우리가 이 상호 일치를 이해하고 실행하게 되면, 우리의 삶에 성공이 보장될 것이며, 하나님의 풍성한 은혜가 증거될 것입니다.

"주께서 함께 역사하사 그 따르는 표적(기적)으로 말씀을 확실히 증언하시니라." (막 16:20)

얼마나 멋집니까? 하나님의 말씀이 기적으로 확증되고 있다는 사 실을 우리는 여기서 발견합니다. 기적이란 이 우주의 분자구조를 바꾸 는 거룩한 중재과정입니다. 자연이라는 논리의 세계에 묶여 있는 적의 반대를 거슬러 일어나는 하나님의 거룩한 간섭인 것입니다.

법적으로 말해서, 하나님은 우리에게 기적을 보여 주심으로 그가 당신의 말씀을 확증하는 자임을 증거합니다. 그래서 하나님은 언제나 약속한 것을 이룰 수 있는 분이라는 것을 보여 주십니다. 하나님의 말씀을 인증하고, 가능케 하며, 거짓말이 아님을 보여 주는 것은 기사와 이적을 통해서입니다.

> "네가 잘 보았도다 이는 내가 내 말을 지켜 그대로 이루려 함이라 하시니라." (렘 1:12)

여기서 짚고 넘어가야 할 것이 있습니다. 기사와 이적은 바람이 순조롭게 불기 때문에 일어나는 것이 아닙니다. 확실히 하나님은 우리가 요청하거나 생각하는 것 이상으로 우리를 축복하기 원하며, 기적을 행하고 싶어하십니다. 그러나 문제는 우리들의 믿음이 그러한 기적을 행할 법적 권리를 내어드리는 성경말씀에 동의하고 있느냐는 점입니다. 마가복음 16장에 의하면 우리 삶에서 기적이 일어나도록 하는 조건은 단순히 믿고 신뢰하는 것입니다.

> "믿는 자들에게는 이런 표적(기적)이 따르리니" (막 16:16)

주님의 말씀은 항상 기사와 이적으로 이루어져 있기 때문에 우리는 이러한 과정이 어떻게 발생하는지 설명할 수 있어야 합니다. 하나님의 확증은 조건 제시의 형태로 약속하시는 거룩한 확인과정을 통해서 이루어집니다. 이러한 확인은 인간의 재확인이 뒤따라야 합니다. 하나님의 간섭과 도움을 요청하는 이들에게 축복을 주시기 전에 하나님께서 말씀과 언약을 통하여 이미 제시한 조건에 대한 동의가 선행되어야 하기 때문입니다. 우리들의 재확인을 통해 결국 하나님이 직접 확증해 주시는 순서로 진행됩니다.

마가복음 16장 20절을 보면 기적을 행하시는 하나님의 생각은 아래 표와 같이 천상회의 석상에서 우리의 문제를 변호하실 때 중요한 자료가 됩니다.

주님은 구원의 약속, 병 고침, 식량 공급 등과 같은 하나님의 말씀으로 먼저 우리에게 확인(affirmation)시켜 주십니다. 만약 그의 말씀과 거룩한 조건이 만나면, 그가 원래 약속한 것을 주기 위해 기적을 행하십니다. 이미 앞에서 지적한 바 있듯이 약속과 거룩한 보장은 항상 조건적입니다. 왜냐하면 인간은 항상 자유의지의 힘으로 그 약속들을 거절하고 있기 때문입니다.

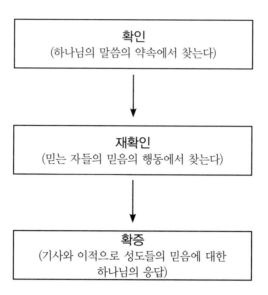

확인
(하나님의 말씀의 약속에서 찾는다)

재확인
(믿는 자들의 믿음의 행동에서 찾는다)

확증
(기사와 이적으로 성도들의 믿음에 대한
하나님의 응답)

그리고 나서 하나님은 우리에게 성경에서 축복하겠다고 약속한 일들에 대하여 우리가 믿음의 행동을 보이기를 바라십니다. 그것을 재확인(reaffirmation)이라고 합니다

끝으로 우리의 믿음을 보신 주님께서 당신의 약속을 이행할 법적 근거를 가지게 되셨기 때문에 기사와 이적을 베풀므로써 약속의 말씀을 확증하십니다.

"주께서 함께 역사하사 그 따르는 표적(기적)으로 말씀을 확실히 증언하시니라." (막 16:20)

일치하는 행동

지금까지 믿음과 행동이 일치하는 요소로 뒷받침되어야 하는 동의와 확인의 과정을 살펴보았습니다. 만약 하나님의 인정을 받고 싶다면, 그의 말씀에 따라 살아야 합니다.

하나님 차원의 믿음을 가진 자는, 그 사람의 행동(action)은 오직 그에 상응하는 행위(deeds)만 해야 합니다. 이 단어는 헬라어 동사 "ergon"에서 나온 말입니다. 이는 자신의 행동의 결과에 두려움 없이 위기의 상황 가운데에서도 하나님의 말씀대로만 행동하는 것을 의미합니다.

> "그러므로 누구든지 나의 이 말을 듣고 행하는 자는 그 집을 반석 위에 지은 지혜로운 사람 같으리니" (마 7:24)

하나님의 말씀에 따라 행동하는 것은 영적으로 공격을 받을 때 없어서는 안 되는 것입니다. 말씀대로 행동하는 믿음의 능력은 성령님이 직접 내게 주시는 말씀(Rhema) 속에서 찾아야 합니다.[31]

우리의 행동은 우리의 욕심에 따라 흔들리게 되어 있습니다. 그러나 말씀 속에 계시된 하나님의 뜻을 품고자 하는 소망을 가지고 우리가 의지적인 선택을 할 때, 이 소망은 우리의 영 속에 거하는 성령의 능

---

31) 레마(Rhema)는 성령님에 의해 우리의 속사람 속에 심기어진 말씀입니다. 그것이 우리의 입술을 통해 나올 때, 성령의 검이 됩니다. "성령의 검 곧 하나님의 말씀을 가지라." (엡 6:17)

력(the dunamis-power)과 접속하게 됩니다. 이러한 전제조건이 충족되면, 믿음의 행동이 하나님의 에너지를 받아 흘러 나오게 되고, 이 우주에 하나님의 뜻을 세우라는 강압적인 명령에 순응하게 되는 풀어짐이 생깁니다. 이것은 우리의 마음속에서 사탄의 괴롭힘을 쫓아내고, 몸 속에서 질병을 물리치며, 매인 자는 마귀의 속박으로부터 자유로워진다는 것을 뜻합니다.

아브라함의 믿음

"그러므로 믿음(하나님 영권의 믿음 : 막 11:22)으로 말미암은 자는
믿음이 있는 아브라함과 함께
복(반복적으로 주어지는 말씀의 복: 지속적인 복음에의 참여)을 받느니라."
(갈 3:9)

아브라함은 "믿음의 조상"이라고 알려져 있는데 하나님의 약속을
신뢰할 때 하나님은 이러한 믿음을 우리가 가지기를 원하십니다.

"땅의 모든 족속이 너(아브라함의 믿음)로 말미암아 복을 얻을 것
이라." (창 12:3)

단순히 아브라함의 믿음을 따라 하기만 하면, 우리는 복을 받을
것입니다.

아브라함에 관한 이야기는 다음과 같습니다. 이 사람은 자신의 순
수한 혈통을 이어갈 상속인이 절실히 필요했습니다. 그러나 그의 아내
사라는 임신을 못하는 상태였습니다. 설상가상으로 아브라함과 사라
는 둘 다 너무 늙었고, 사라는 경수가 끊어진 지 오래되었습니다. 이

때 사물을 있는 그대로 존재하도록 두지 않으시는 하나님께서 아브라함에게 약속의 말씀을 하셨습니다. 전혀 불가능한 상황인데도 불구하고, 그들에게 아이를 주시겠다고 말씀하셨습니다.

불행하게도 아브라함은 두려움과 불신으로 사로잡혀 있었기 때문에 하나님은 그가 하나님의 말씀을 믿고 실행에 옮길 때까지 25년이나 기다리셔야만 했습니다.[32] 하나님의 약속을 이룰 때, 주님은 두려움이나 의심으로 뒤덮인 환경 속에서 일하시지 않으신다는 것을 여실히 보여 주십니다.

> "이런 사람은 무엇이든지 주께 얻기를 생각하지 말라. 두 마음을 품어 모든 일에 정함이 없는 자로다." (약 1:7-8)

끝으로 25년간 광야에서 헤맨 후에야, 아브라함은 하나님의 약속을 붙잡을 수 있게 되었고, 하나님의 말씀에 근거한 믿음을 실천하기 시작했습니다. 그의 믿음이 하나님으로 하여금 초자연적으로 개입하도록 한 것은 바로 이 시점이었습니다. 그 결과 이삭이 태어나게 된 것입니다.

> "만일 너희에게 믿음이 겨자씨 한 알 만큼만 있어도 … 너희가 못할 것이 없으리라."(마 17:20)

---

32) 창 16:1-3; 17:15-17

아브라함: 믿음의 모범

이삭의 탄생이 흥미진진하였지만 아브라함의 이야기는 거기서 끝나지 않았습니다. 그의 믿음이 또 다시 시험대 위에 올라가는 시간이 왔습니다.

현실적으로 생각할 때, 아브라함은 이삭을 제단에 희생 제물로 바치라는 하나님의 명령을 받았을 때 자신이 아무 희망도 없는 상황임을 깨달았습니다.[33] 논리적으로는 자살과도 같은 행동이었습니다. 이삭은 아브라함의 후손을 이어갈 순수한 혈통인 외아들이었기 때문입니다.

하나님 차원의 믿음과 사탄의 이성적인 생각(자연스러운 믿음) 사이의 줄다리기가 시작되었습니다. 아브라함은 갈래 길에서 어느 길을 가야 할 지를 선택해야만 했습니다.

두 가지의 선택을 다 할 수 있는 아브라함은, 사탄의 불신을 마음에 품고 산에서 이삭을 희생제물로 드리는 것을 거절할 수도 있었습니다. 또 한편으로는 하나님은 아브라함의 후손의 계보를 위하여 죽은 이삭을 다시 살리실 수 있는 전능자임을 신뢰하고, 믿음의 올바른 실천을 통해 하나님의 인도를 따를 수도 있습니다.

이때 "이 젊은 이삭을 죽이고 다시 죽은 자 가운데서 살리시는 목적이 과연 무엇일까? 이삭은 죽은 채 내버려 두고, 다시 다른 아이를 잉태케 하여 계보를 이어가게 하는 게 더 낫지 않았을까?" 하는 질문을 해 봅니다. 확실히 주님은 그의 구속의 계획 속에서 아브라함이

---

33) 창 22:1, 2

이 시험을 통과하게 함으로써 쌓아 놓은 축복을 주시기 원하신 것입니다.

> "주께서 인생으로 고생하게 하시며 근심하게 하심은 본심이 아니시로다." (애 3:33)

하나님의 거룩한 계획은 다음과 같습니다. 만약 아브라함이 이삭을 죽여도 다시 살리실 하나님을 불가능한 상황에서도 신뢰한다면, 하나님의 거룩한 지혜가 그를 믿음의 모범으로 사용할 수 있게 된다는 것입니다. 그래서 세상의 모든 민족이 그의 영적인 후손이 될 수 있게 되는 것입니다. 교회의 믿는 자들에게 흐르는 이러한 영적인 계보가 동일하게 우리의 영적, 심리적, 육체적 구원을 위해 죽은 자 가운데서 살아나신 예수님을 믿을 수 있는 믿음의 근거를 아브라함의 믿음에서 미리 보여 주신 것입니다.

하나님의 구원의 계획을 완수하기 위해서 아주 많은 장애가 있습니다. 다행히도 약속의 말씀 앞에서 흔들리지 않고, 믿음을 선택했습니다. 아브라함은 정신을 차리고, 하나님의 목소리임을 깨닫고, 자신에게 가장 좋은 것을 선택하기보다 하나님의 명령을 우선시 하기로 결심했습니다. 자신의 혈육 외아들까지도 주님의 명령보다 앞세우지 않은 것입니다. 그래서 아브라함은 하나님의 약속에 완전히 승복하고 이성의 세계를 허용하지 않은, 절대 믿음의 전형적인 본을 보여 준 인물이 되었습니다.

타협하지 않는 절대 믿음

행동과 연관시켜 믿음에 대해 이야기 하고자 합니다. 아브라함은 산에서 외아들을 제사할 모든 준비를 철저하게 합니다. 그에게 후손을 이어가게 하기 위해서 혈기 왕성한 아들이 죽은 후에도 다시 살아나게 할 수 있는 권능이 하나님께 있음을 굳게 믿었기 때문입니다.

> "아브라함은 시험을 받을 때에 믿음으로 이삭을 드렸으니 그는 약속들을 받은 자로되 그 외아들을 드렸느니라. 그에게 이미 말씀하시기를 네 자손이라 칭할 자는 이삭으로 말미암으리라 하셨으니 그가 하나님이 능히 이삭을 죽은 자 가운데서 다시 살리실 줄로 생각한지라. 비유컨대 그를 죽은 자 가운데서 도로 받은 것이니라." (히 11:17-19)

히브리서 11장 17-19절을 보십시오. 아브라함의 믿음 때문에 하나님은 하나님의 아들 예수 그리스도가 태어나게 될 영적 계보를 이을 수 있었으며 더 나아가 초자연적인 교회의 탄생으로 이어지는 축복을 내릴 수 있게 된 것입니다. 이는 또 갈라디아서 3장에서도 찾을 수 있습니다.

> "이 약속들은 아브라함과 그 자손에게 말씀하신 것인데 여럿을 가리켜 그 자손들이라 하지 아니하시고 오직 한 사람을 가리켜 네

자손이라 하셨으니 곧 그리스도라." (갈 3:16)

아브라함은 두 개의 뚜렷이 구분되는 계보를 가지고 있는데, 하나는 육의 계보이며 또 하나는 영적 계보입니다. 구약의 유대인들은 하나님의 약속을 믿지 못했던 아브라함의 육의 상태를 나타냅니다.[34] 육신에 속한 이스라엘은 영적으로 죽은 이스라엘 민족에 남아 있는 육의 계보입니다. 이들은 불신에 묶여서 육의 율법인 모세의 율법에 의해 지배를 받고 있습니다.[35]

이와는 반대로 신약의 성도들은 성경에서 영적으로 거듭난 아브라함의 믿음의 계보를 잇는 것으로 나타납니다. 이 계보에 속한 사람들은 믿음으로 구원의 약속이 은혜로 주어진 자들입니다. 뿐만 아니라 이들은 마귀를 쫓아내고, 병자를 고치고, 죽은 자를 다시 살리는 권능까지 받았습니다.[36] 이러한 성도들은 아브라함의 영적인 후손으로, 지금 현재 부활하신 예수님과 함께 영광스럽게 다스리는 하늘의 보좌에 함께 앉아 있습니다.

아브라함과 교회

예수님과 그의 예표 된 일은 아브라함의 믿음과 그의 믿음의 후손이 끈끈하게 연결되어 있는 것을 나타냅니다.

---

34) 창 17:17.
35) 창 23:17c; 마 7:26.
36) 창 23:17a,b; 갈 3:14,16; 엡 1:3; 2:6.

"이는 그리스도 예수 안에서 아브라함의 복이 이방인(영적 후사)에게 미치게 하고 또 우리로 하여금 믿음으로 말미암아 성령의 약속(영적 구원, 우리의 행함이 아니라 아닌 은혜로 의롭다 함, 마음의 해방, 육체의 병 고침, 환경의 변화)을 받게 하려 함이라." (갈 3:14)

할렐루야, 아브라함이 믿음의 본이 됨과 같이, 예수님은 믿음의 대상이 되었습니다. 그러므로 영적인 성도들인 우리들은 아브라함의 믿음을 본 받아[37] 지적 판단에 의존하는 영역을 통과하도록 부르심을 받은 자입니다. 동시에 하늘의 아버지는 아브라함이 가졌던 그 믿음으로, 우리들도 우리를 구원하기 위해 죽었다 살아나신 승리의 예수님을 믿기를 원하십니다.

"그런즉 믿음으로 말미암은 자들은 아브라함의 자손인 줄 알지어다. 또 하나님이 이방을 믿음으로 말미암아 의로 정하실 것을 성경(창 12:3)이 미리 알고 먼저 아브라함에게 복음을 전하되 모든 이방인이 너로 말미암아 복을 받으리라 하였느니라. 그러므로 믿음으로 말미암은 자는 믿음이 있는 아브라함과 함께 복을 받느니라." (갈 3:7-9)

아브라함의 믿음을 가진 성도들은 하나님의 부활하신 능력으로 사는 사람들입니다. 그들은 하나님의 이기는 권능을 품고 방해하는 영

---

37) The faith of God

들을 딛고 올라서기 위해 성령님의 영역 속으로 깊숙이 푹 잠기어 내려감으로써 사탄의 불가능성을 극복합니다.

이러한 성도들의 생각과 형상에 영향을 끼치고 설득하려는 사탄의 주장은 힘을 잃어 버립니다. 성도들이 겪는 고난이 어떤 것이든지 간에 그들은 언제나 하나님의 믿음을 사용하여 초자연적인 축복을 경험하는 정복자로서 부활합니다.

> "믿음이 없어 하나님의 약속을 의심(사탄의 의심)하지 않고 믿음(하나님 차원의 믿음)으로 견고하여져서 하나님께 영광을 돌리며(불가능한 상황 중에도 주님을 찬양하며) 약속하신 그것을 또한 능히 이루실 줄을 확신하였으니" (롬 4:20-21, Wuest)

사드락, 메삭, 아벳느고

다니엘서를 보면 또 다른 하나의 아브라함이 가졌던 것과 같은 타협하지 않는 믿음의 이야기가 나옵니다. 사드락과 메삭과 아벳느고는 느부갓네살 왕이 세운 금 신상에게 절하지 않으면 풀무불 속에 던져 넣겠다고 위협을 받았을 때 전혀 사탄을 두려워하지 않았습니다.

그들의 믿음의 고백은 그저 말로만 한번 내뱉어 보는 공허한 실 없는 말이 아니었습니다. 대신에 그에 상응하는 행동으로 이어졌습니다. 이러한 행동들은 사드락, 메삭, 아벳느고가 이 세상의 금 신상에게 절하는 것을 거절하는 행동을 통하여, 그들은 결과가 어찌 되는 것에 상관없이 주님을 완전히 신뢰한다는 사실을 보여 주는 좋은 증거가 됩니다.[38]

할렐루야! 다니엘의 친구들은 풀무불 속에 산 채로 던져졌습니다.

---

38) 단 3:16-26.

그러나 그들의 믿음 때문에, 하나님은 기적적으로 그들을 시련의 불 속에서 만나 주셨고 그 불 속에서 건져 주셨습니다.

> "이 사람들을 본즉 불이 능히 그들의 몸을 해하지 못하였고 머리털도 그을리지 아니하였고 겉옷 빛도 변하지 아니하였고 불탄 냄새도 없었더라." (단 3:27)

사드락, 메삭, 아벳느고의 이야기는 시련의 시기에 우리에게 어떤 일이 일어나는지에 대해 보여 주고 있습니다. 우리가 유혹의 풀무불 속에 던져져 있을 때, 우리가 무엇을 믿어야 하는지에 대한 진정한 동기를 제시하고 있습니다.

만약 우리의 믿음이 위기 상황 속에 적절한 행동을 보여 준다면,[39] 하나님은 무대에 등장하여 우리의 믿음에 맞는 기적을 연출하실 것입니다. 불행하게도 쉴 새 없이 하나님과 사탄 사이를 오락가락하는 분열된 마음은 모순된 행동을 하게 되고, 우리가 하나님으로부터 받기를 원하는 축복을 적에게 강탈당하게 만들 것입니다.[40]

말할 필요도 없이, 우리 마음의 결정은 우리의 입술의 말과 그에 상응하는 행동이 병행해야만 합니다. 그렇지 않으면, 그것은 그저 죽었거나 활동하지 않는 흔들리는 믿음일 뿐입니다.

> "행함이 없는 믿음은 그 자체가 죽은 것이라" (약 2:17,20)

---

39) Gr. ergon: to act upon.
40) 롬 6:16; 약 1:6,7,8; 2 벧후 3:17c,d.

말만 하고 행하지 않는다면

"그들은 말만 하고 행하지 아니하며"
(마 23:3)

어떤 성도는 자신이 말한 것과는 정반대되는 행동을 하면서 성경 말씀의 가르침이 절대적으로 이루어질 것이라고 생각하는 우를 범합니다. 이러한 사탄의 속임수에 넘어지지 마십시오. 많은 사람들이 행동하는 대신에 말만 하는 이유는 다음과 같은 진실을 내포하고 있습니다. 말보다 행하기가 더 어렵기 때문입니다.

우리는 하나님의 말씀에 대해 이야기할 수도 있고 성경에 써 있는 긍정적인 약속들을 모두 의무적으로 외울 수도 있습니다. 그렇지만 영적이고 승리할 것 같은 긍정적인 고백처럼 들릴지는 모르겠으나, 그대로 두고 하지 않으면 아무 일도 일어나지 않습니다.

"내 형제들아 만일 사람이 믿음이 있노라 말하면서 행함이 없으면 무슨 유익이 있으리요?" (약 2:14)

의심할 여지없이, 하나님 말씀의 멋진 선포는 그에 상응하는 행동으로 연결될 때 빛을 발합니다. 그러나 그에 상응하는 행동이 수반되지 않는 고백은 아무 곳에도 상달되지 않는 공허한 지껄임일 뿐입니다.

> 고백은 우리가 얼마나 많은 성경구절을
> 외우고 있다거나 얼마나 승리의 삶을 살고 있는지를
> 다른 사람들 앞에서 보여 주려고 애쓰는
> 시합이 아닙니다.

예를 들어 보겠습니다. 하나님의 말씀에 의심을 품고 있으면서 억지로 고무된 마음으로 우리의 입술을 통해 말해질 수도 있습니다. 처음에는 승리의 선포로 확실히 나아갈 것입니다. 그러나 마음속에 전혀 하나님에 대한 믿음을 갖고 있지도 않으면서 하는 긍정적인 고백을 남발하는 문제는 다음과 같은 모습을 보여 줍니다. 그것은 성령님으로부터 힘을 받지도 않고 현실감도 없는 마음의 종교적인 방법론을 만들어 낼 뿐입니다.

이러한 승리의 선포들은 처음에는 정말 감동적으로 보이지만 잠시 동안 지속되다가 결국 위기가 닥치면 사탄의 압력에 굴복하게 될 것입니다.

"말씀을 듣고 즉시 기쁨으로 받되 그 속에 뿌리가 없어 잠시 견디다가 말씀으로 말미암아 환난이나 박해가 일어날 때에는 곧 넘어지는 자요" (마 13:20-21)

고백은 훌륭하다, 그러나 행함은 더 훌륭하다

오해하지 마시오. 하나님의 말씀으로 말하고 동의하는 원리는 모든 교회의 설교에서 타협함 없이 열정적으로 가르쳐져야 합니다. 하나님의 말씀이 선포된 곳에 능력이 있습니다. 예수님께서는 우리에게 방해하는 산을 향해 말하라고 명령하심으로 이러한 원리를 확고히 하셨습니다.

"누구든지 이 산더러 들리어 바다에 던져지라 말한다면" (막 11:23)

고백이 믿음의 과정에서 중요한 부분을 차지한다는 것은 의심의 여지가 없습니다. 그러나 야고보서 2장 14절을 보면서 마가복음 11장 23절을 보면, 단지 말하는 것보다 행동하는 것이 더 강조되고 있음을 누구나 알 수 있습니다. 당연한 이치입니다.

"내 형제들아 만일 사람이 믿음이 있노라 하고 행함이 없으면 무슨 유익이 있으리요 그 믿음이 능히 자기를 구원하겠느냐." (약 2:14)

우리 주님은 바리새인들의 위선을 책망했습니다. "내가 행하는 대로가 아니라 내가 말하는 대로 행하라"고 가르치면서 말씀대로 따르지 않는 표본으로 그들을 지적하셨습니다. 왜 그랬을까요? 그들의 행동이 그들의 말 속에 거들먹거리며 말하는 것과 일치하지 않기 때문입니다.

"그러므로 무엇이든지 그들이 말하는 바는 행하고 지키되 그들이 하는 행위(Gr. ergo)는 본받지 말라 그들은 말만 하고 행하지 아니하며" (마 23:3)

마태복음 23장 3절의 문장을 보십시오.

"그들은 말만 하고 행하지 아니하며"

분명히 예수님은 하나님이 원하시는 성공의 비결은 말하는 데 있지 않고, 행하는 데 있다고 지적하십니다. 그것은 하나님이 성경에서 말씀하신 모든 것을 다 행하라는 것을 의미합니다.

의심치 않고 말하기

마가복음 11장 23절로 다시 돌아가 보겠습니다. 산에게 선포하는 것에 대해 가르치면서, 우리 주님은 다음과 같은 선결 과제가 있음을 강조하고 있습니다.

> "누구든지 이 산더러 들리어 바다에 던져지라 하며… 마음에 의심하지 아니하면" (막 11:23)

이 말씀은 행동하는 것에도 입술과 마음이라는 두 종류의 바탕이 있음을 나타냅니다.

마가복음 11장 23절을 보면 말씀만을 말하는 것을 조건으로 내걸고 있지 않습니다. 대신에 우리의 마음속에 한치의 의심이나 불신이 없는 상태의 조건을 가지고 우리의 입술을 통해 말하는 것이 중요하다고 합니다. 확실히 마가복음 11장 23절은 우리의 입술로 하나님의 말씀을 고백하라는 의미를 가진 원리입니다. 그러나 무엇보다도 위기의 순간에 사탄의 속임에 굴하지 아니하고 말씀대로 행동하라는 원리임을 명심하십시오.

우리 실제로 삶에 적용해 봅시다. 누구라도 성경 말씀을 말할 수 있습니다. 그것은 사탄도 할 수 있는 일이기 때문에 크게 힘든 일은 아닙니다.[41] 그렇지만 오직 하나님의 성령의 권능 안에서 움직이는 사

---

41) 마 4:6.

람만이 하나님의 약속을 믿는 믿음으로 그들이 말한 것을 행동할 수 있습니다.

그렇습니다. 훌륭한 고백은 우리들의 마음속에 있는 믿음이 행동으로 이어질 때마다 마귀의 견고한 진을 황폐화 시키는 데 아주 강력합니다.

> "사람이 마음으로 믿어(신뢰, 확신하여) 의에 이르고(말씀이 가르치는 방법으로 공정한 처리, 옳은 관계를 맺고) 입으로 시인하여(고백하고 선포하여) 구원에(건강과 모든 기도 제목으로부터 해방에) 이르느니라." (롬 10:10, Mitchell New Testament)

다시 말해서 우리들의 선언이 영화 된 사람의 성령의 영역에서 비롯된 것이라면, 그것은 확실히 하나님의 말씀을 행동으로 옮기고 우리를 위한 하나님의 뜻을 명확하게 할 수 있는 능력이 공급됩니다. 그러나 말만하고 행동을 하지 않는 태도는 미혹을 받은 것이며, 마른 뼈다귀들이 있는 골짜기에서 영원히 거하게 만들 것입니다.

여기에 한 예화가 있습니다. 어떤 육상 선수가 자신이 시합만 하면 논란의 여지가 없는 승자라고 계속 말한다고 합시다. 그러나 실제 경기가 시작되어 경쟁자들이 그를 앞질러 달려 가고 있는 동안에 그는 게으르게 서 있으면서 트로피는 자신의 것이라고 열을 내면서 말만 하고 있다고 상상해 보십시오. 분명히 이런 종류의 믿음은 경기에서 이기도록 이 사람을 결코 도와 줄 수 없을 것입니다.

이러한 육상 경기에서 일어나는 일과 마찬가지로, 만약 믿음의 사람이 경기규칙을 따르지 않는다면 사탄과 마귀들의 싸움에서 그는 결코 이길 수 없습니다. 믿음을 저울에 달아 보면, 두려움, 걱정, 불신이 그를 시험하고 있다는 사실이 즉각적으로 나타날 것입니다.

> "데겔은 왕을 저울에 달아 보니 부족함이 보였다 함이요." (단 5:27)

요컨대 하나님의 믿음을 활용하는 일에 있어서 지름길이란 없습니다. 살아 있는 믿음을 위해서 위기 가운데 행동(ergon : work의 헬라어)이 필요합니다. 그리고 그 행동의 요소는 오직 하나님의 말씀을 행하는 것에서만 찾아져야 합니다.

> "너희는 말씀을 행하는 자가 되고 듣기만 하여 자신을 속이는 자가 되지 말라." (약 1:22)

믿음, 현실 그리고 하나님의 영원

성령님은 영원하다!

하나님의 믿음은 그의 거룩한 영원성의 영역 안에서 작동합니다. 시간을 초월한 하나님의 영원성을 이해하기 위해 믿음의 본질에 대해 배워야만 합니다.

"믿음은…" (히 11:1)

히브리서 11장 1절에 나오는 부사 "지금(now)"이 헬라어 원전에는 나오지 않지만, 킹 제임스 영어 성경(KJV)에는 현재형 동사인 "esti"(헬 : is, to be)를 강조하기 위해 덧붙여서 번역되어 있습니다.

하나님 차원의 믿음은 우리에게 하나님의 실존을 손으로 만져서 알 수 있을 만큼 생생하게 느끼게 해 준다는 것을 의미합니다. 그러므로 동사 "is"가 가리키는 것은 "지금(now)" 경험하는 것처럼 영적인 믿음이 실현된다는 것이며, "나는 희망한다(I wish)", "확실치는 않지만(I'm not sure)", "아마도 그럴 것이다(maybe it will)"와 같은 모호한 말이 아니라는 것입니다.

물론 우리가 "믿음은 (faith is)"이라고 말할 때, 죽을 운명의 인간이 시간과 공간을 통해 삶을 이해하는 항상 변하고 있는 순간적인 현재(transient present)를 뜻하는 것은 아닙니다. 본질적으로 하나님의 "지금(now)"은 과거, 현재, 미래의 시간 차원을 넘어서서 운행되는 것입니다. 그리고 그것은 하나님의 시간을 초월한 영속성의 영역, 즉 영원불변실존으로부터 움직이는 힘으로서의 믿음을 계시해 줍니다.

믿음은 하나님의 영원성이라는 현실 속에 거하므로 실제로 존재합니다. 예수님께서는 이 사실을 아시고 말씀하셨습니다.

> "아브라함이 나기 전(시간과 공간의 지배를 받는 현세의 차원)부터 내가 있느니라(영원의 차원)." (요 6:58)

사탄이 시간과 공간의 차원(현재의 악한 세상)으로부터 가져오는 미혹으로부터 벗어나기 위해서는 하나님의 영원의 영역(즉 하나님의 영원한 지금) 안에서 작용하는 우리들의 믿음이 철저하게 필요합니다.

> "영원하신 하나님이 네 처소가 되시니" (신 33:27)

영원한 믿음

우리가 하나님의 영원의 관점에서 사물을 보게 되면, 거룩한 믿음은 소망의 완성 지점에 거하는 것을 보게 됩니다.[42] 하나님 차원의 믿음을 소유한 자들은 하나님의 시간을 초월한 영원성 속에서 처음부터 성취된 결과를 보는 자들입니다.

"하나님은 … 없는 것을 있는 것으로 부르시는 이시니라." (롬 4:17)

하나님 차원의 믿음을 가지고 움직이는 성도는 영화 된 인간의 영의 영역으로부터 활동합니다. 그것은 시간, 공간, 이성을 초월하는 영원한 세계입니다. 그곳에서 그들은 이미 하나님이 주시고자 하는 것의 실체[43]를 이미 가지고 있습니다.

"내가 시초부터 종말을 알리며 아직 이루지 아니한 일을 옛적(old
-헬라어로 olan :영원)부터 보이고 이르기를" (사 46:10)

그들에게는 하나님의 약속이 그저 단순히 미래에 일어날 지도 모르는 소원에 불과한 것이 아닙니다. 그들이 믿는 것은 현실로 이루어질 때 오감

---

42) "믿음은 우리의 감각세계에 현실화 되지 않은 것을 실제 사실로 받아들인다. 믿음은 눈에 보이는 현실이 모순처럼 보이더라도 그 사실을 근거하며, 그 사실에 따라 행동하며, 그 사실에 의해 지지를 받는다. 믿음은 실제적인 것이며 리얼리티를 의미한다. 보이지 않는 소망(기대)은 눈에 보이고 손에 잡히는 실제적인 일이 시작된다."(마크 빈센트, 『신약에 나오는 용어연구』)
43) "Now faith is …" (히 1:1a)

으로 느끼는 것과 똑같이 벌써 그들의 속사람 속에 존재하고 있습니다.

"받은 줄로 믿으라.[44] 그리하면 너희에게 그대로 되리라." (막 11:24)

기도한 것을 실제로 소유한 것과 마찬가지이기 때문에, 이들은 시간의 불확실성을 거슬러 하나님의 영원한 현재를 예상할 수 있습니다: 그래서 그들은 모든 두려움, 분노, 희망이 없는 상황 가운데에서도 하나님의 뜻을 말하고 그대로 행동하는 것입니다.

"예수께서 가버나움에 들어가시니 한 백부장이 나아와 간구하여 이르되 주여 내 하인이 중풍병으로 집에 누워 몹시 괴로워하나이다 이르시되 내가 가서 고쳐주리라 백부장이 대답하여 이르되 주여 내 집에 들어오심을 나는 감당하지 못하겠사오니 다만 말씀으로만 하옵소서 그러면 내 하인이 낫겠사옵나이다 나도 남의 수하(헬 exousia 통치권)에 있는 사람이요 내 아래에도 군사가 있으니 이더러 가라 하면 가고 저더러 오라 하면 오고 내 종더러 이것을 하라 하면 하나이다 예수께서 들으시고 놀랍게 여겨 따르는 자들에게 이르시되 내가 진실로 너희에게 이르노니 이스라엘 중 아무에게서도 이만한 믿음을 보지 못하였노라… 예수께서 백부장에게 이르시되 가라 네 믿은 대로 될지어다 하시니 그 즉시 하인이 나으니라." (마 8:5-10,13)

---

44) 헬라어로는 벌써 이루어진 사실을 말하는 과거형으로 쓰여져 있다.

로마 백부장이 하나님의 영원한 현재라는 임재성을 믿고 있었지만 사실을 주목해 보십시오. 그는 하인의 중풍병이 벌써 고쳐진 사실로 받아들이고 있습니다.

"말씀으로만 하옵소서. 그러면 내 하인이 낫겠사옵니다."

백부장은 하나님의 말씀의 능력이 예수님의 입에서 나오는 순간 성취될 것임을 알고 있었습니다.

"내 입에서 나가는 말도 이와 같이 헛되이 내게로 되돌아오지 아니하고 나의 기뻐하는 뜻을 이루며 내가 보낸 일에 형통함이니라." (사 55:11)

중요한 사실은 다음과 같습니다. 백부장의 명령에 따라 로마병사가 일하는 것과 마찬가지로, 이 우주의 눈에 보이고 또 눈에 보이지 않는 원자는 하나님의 권위 있는 명령에 따라 움직인다는 것입니다.

"이더러 가라 하면 가고 저더러 오라 하면 오고"

백부장의 믿음은 주님으로 하여금 이 역경을 공격하게 만들었고, 그 원자와 분자를 새로운 형태를 취하게 만들었으며, 그리고 벌써 이루어진 일처럼 미래에 일어날 일을 자신 있게 이야기하고 있는 이 사람을 위하여 하나님의 약속을 명백히 보여 주었습니다.

"그 즉시 하인이 나으니라."

이성적 믿음

이와는 현저한 대조를 보이는 자연인은 물질 세계 속에서만 활동할 수 있습니다. 인간의 옛 본질은 사탄이 시간과 공간이라는 영적이지 않은 요소로 만들어 놓은 수리적이고 논리적인 결과에 의해 지배를 받습니다.

곰곰이 생각해 보십시오. 이성적인 생각으로는 떡 다섯 덩이와 물고기 두 마리로 오천 명을 먹일 수 있다고 절대로 믿을 수 없습니다. 이것은 예수님이 육의 지배를 받는 제자들에게 배고픈 군중들에게 먹을 것을 주라고 했을 때 눈에 띄게 드러났습니다.

그들의 믿음이 도전을 받았을 때, 제자들은 예수님이 하나님을 대표하는 능력을 사용하여 기적을 행하실 것에 대해 생각지 못하였습니다. 그들은 육체와 마음의 수준에서 살고 있었기 때문에, 이성의 영이 제자들로 하여금 세상적인 말로 생각하도록 강요합니다. 그래서 그들을 매우 냉소적이고 논리적으로 대답합니다.

"대답하여 이르시되 너희가 먹을 것을 주라 하시니 어짜오되 우리가

가서 이백 데나리온(약 $40)의 떡을 사다 먹이리이까.” (막 6:37)

이는 논리적인 표현에 따라 1더하기 1은 2라고만 대답하는 이성적인 대답의 전형입니다. 하나님의 관점에서는 그러나 1 더하기 1은 매우 다양한 답을 가지고 있습니다.

영의 세계는 이 세상의 환경을 뛰어넘어 지배하는 곳이기 때문에 우주 질서의 법칙을 따르는 논리적인 계산과 같은 것은 없습니다.[45] 하나님의 비논리적인 계산으로는 1더하기 1은 천만 곱하기 천만과 같을 수도 있기 때문입니다. 그래서 예수님은 그의 제자들을 꾸짖으며 말씀하셨습니다.

“너희가 어찌 떡이 없음으로 수군거리느냐 아직도 알지 못하며 깨닫지 못하느냐 또 기억하지 못하느냐.” (막 8:17)

이것은 옛 사람이 지성과 육체의 수준을 넘어서지 못한다는 것을 우리에게 말해 줍니다. 옛 사람은 주로 이성에 따라 내린 결정을 토대로 지성을 통해 무엇이 진리이며 거짓인지를 파악할 수 있을 뿐입니다.

문제는, 논리적인 생각은 사탄이 감각적인 경험의 영역에서 만들어내는 “이 현존하는 악의 세계”의 역경에 의해 묶여 있다는 사실입니다. 이때 사탄은 하나님의 약속들이 어리석고 현실적으로 이루어질 수 없다는 것을 입증하기 위해 위기의 순간을 사용할 것입니다.

---

45) 나사로의 썩은 시체가 무덤에 있은 지 나흘이 지난 후에 다시 살아난 것과 같다.

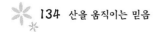

물위를 걸은 베드로

자연스러운 믿음의 한 예는 베드로가 물 위를 걷게 해 달라고 예수님께 요구할 때 보입니다.

> "베드로가 대답하여 이르되 주여 만일 주님이시거든 나를 명하사 물 위로 오라 하소서 하니 오라 하시니" (마 14:28-29)

이 말씀에서 가장 중요한 단어는 "오라(come)"입니다. 이는 만물의 창조주가 내리는 구두 명령입니다. 태초에 만물을 창조할 때에도 동일한 하나님에 의해 내려진 "있으라 하시매 그대로 되니라(Let there be and it was.)"와 같은 명령입니다.

하늘의 영광! 하나님의 대언자이며 구원자이신 예수님께서 우주의 원자를 들어 올릴 능력뿐 만이 아니라 베드로에게 자연의 법칙인 중력을 극복하게 할 능력을 가진 명령을 내리셨습니다. 그래서 베드로는 초자연적으로 물 위를 걸었습니다.

> "그의 능력의 말씀으로 만물(눈에 보이는 것과 보이지 않는 원자들)을 붙드시며" (히1:3)

이 시련을 통해 베드로는 하나님의 말씀의 진리와 사탄의 거짓말 사이에서 분명히 선택해야만 하는 국면에 맞닥뜨리게 되었습니다. 사탄의 거짓말은 시공의 법칙으로 베드로의 마음속에 의심을 가져왔습니다. 불행하게도 베드로는 잘못된 길을 선택하여 잘못된 관계를 맺고 말았습니다. 예수님께서 "오라"고 말씀하셨을 때 선택했던 순종 대신에, 베드로는 눈을 돌려 살아 있는 말씀(즉, 예수님)을 바라보지 않고 자신을 둘러싼 환경을 바라 보기 시작했던 것입니다.

이것은 어찌할 수 없는 인생의 현실입니다. 물질의 지배를 받는 지구에 사는 삶 속에서 거듭나기 전의 옛사람의 모습이 작용한 것입니다. 그와 같은 물에 빠지는 상황에서, 눈에 보이는 현실이 그 순간의 위기 상황을 더욱 부채질하게 되는 것은 당연한 일입니다.

옛사람이 작용하는 것을 감지한 사탄은 살며시 베드로의 마음속에 들어와 자연법칙을 사용하여 속삭이기 시작합니다.

"중력 때문에 사람이 물 위를 걸으면 빠질 수밖에 없어. 이젠 넌 죽을 꺼야."

베드로는 인생의 피할 수 없는 사실을 말하는 사탄의 거짓말을 받아들이자 마자, 다가오는 위험에 대한 두려움이 그의 마음에 엄습해 들어오기 시작하였습니다.

> 아아. 위기의 순간에 공포를 표현하는 것은
> 위기 그 자체보다 더 나쁘다.

두려움에 사로잡히자 사탄은 베드로의 마음속에 의심의 조각들을 사용하여 가상의 세계를 만들어 냈습니다. 그래서 베드로는 부정적인 믿음의 방아쇠를 당겼고 자연의 법칙이 그에게 작용하도록 허용하고 말았습니다.

더 말할 나위도 없이, 악한 세계의 증인인 마귀는 베드로의 믿음을 전복시키려고 했던 것입니다. 그 결과 마귀는 성령의 초자연적인 영역을 받아들이지 않는 지성의 영역을 건드리기 시작했습니다. 결국 베드로가 사람이 물 위를 걷는 것은 불가능하다고 이성적으로 생각하는 순간 물에 가라 앉고 있는 자신을 발견했습니다. 나머지 이야기는 설명하지 않아도 뻔한 것입니다.

> "바람을 보고(시각과 이성이 동시에 작용) 무서워 빠져 가는지라 소리질러 이르되 주여 나를 구원하소서 하니 예수께서 즉시 손을 내밀어 그를 붙잡으시며 이르시되 믿음이 작은 자여 왜 의심하였느냐 하시고" (마 14:30-31)

베드로의 시험이 알려 주는 것은 다음과 같습니다. 사탄은 먼저 연단 중의 성도들이 자연의 법칙을 사용하여 자신이 겪고 있는 시험을 합리적으로 설명하게끔 유도한 후, 하나님의 말씀을 신뢰할 경우 원하지 않는 무서운 일이 일어날 것이라고 비난하면서 두려움으로 위협합니다. 이것이 많은 선의의 크리스천들이 마음의 해방, 육체의 치유, 환경의 공급에 있어서 하나님을 신뢰하는 것이 어려운 이유입니다. 이 사랑스러운 성도들은 아직도 믿음대로 행동하기 전에 그들의 이성적인 마음과 육체의 감각에 의존하고 있습니다.

베드로와 그의 물위를 걷겠다는 시도의 실패는 우리에게 큰 교훈을 줍니다. 인생의 폭풍우가 닥쳤을 때 합리적인 생각을 내려놓고, 우리를 사탄의 불가능으로 묶어 놓는 배에서 뛰어 내려 한 발을 내디디십시오. 예수님만 바라보면서 불합리한 행동을 하기 시작하면, 우리는 고난의 바다 위를 뚜벅뚜벅 걷게 될 것이며 이 세계를 지배하고 있는 사탄의 방식을 극복하게 될 것입니다. 우리의 시각을 지속적으로 하나님 말씀의 약속 위에 고정시키면, 주님은 그의 약속의 땅으로 우리를 데리고 가실 것입니다.

제4장
실상과 증거

"믿음은 바라는 것들의
실상(Gr. Hupostasis, 견디다, 난관을 벗어나다, 권리증서)이요"
(히 11:1, 저자번역)

바라는 것들의 실상

권리 증서

지금까지 우리는 하나님의 영원한 현재(eternal now)의 실체 속에 거하면서 동시에 우리 마음속의 결정에 따라 작동하는 믿음을 보았습니다. 이것은 차례대로 기도, 구함, 믿음, 받음, 취함이라는 일련의 행동을 통해 표현됩니다. 이러한 일련의 행동과 함께 실제상황은 하나님의 믿음 안에서 "실상(substance)"과 "증거(evidence)"라는 개념으로 수렴되어 나타나고 있습니다.

믿음은 실상으로 만들어지는 것이기 때문에 하나님의 믿음을 만들어 내는 실상의 유형이 무엇인지 아는 것이 중요합니다. 실상이라는 단어는 권리 증서를 가지는 것과 관련이 있습니다. "믿음은 바라는 것들의 권리증서(title-deed-헬라어로는 hupostasis 실체)이며"[46] (히 11:1, Montgomery). 권리증서는 법적으로 자신의 물건에 대해 "소유권"을 주장할 수 있는 공문서입니다.

생각해 보십시오. 만약 정직하지 못한 어떤 사람이 당신의 집에 대해 소유권을 주장한다면, 당신은 법정에서 권리증서를 내 보이면서 아무도 당신의 재산을 가져가지 못하도록 담대히 당신의 재산권을 주장할 것입니다. 영의 세계에서도 우리들의 권리를 주장하는 행동은 똑같이 작용합니다. 하나님 차원의 믿음은 하나님의 축복에 대한 당신의 권리증서입니다. 그것은 사탄이 당신의 재산권을 주장하지 못하도록 재판 청구를 걸 수 있는 바탕이 되는 것입니다.

법률적으로 말하자면, 천국의 권리증서는 이미 "하나님의 말씀"이라고 알려져 있는데, 천국의 유업이 기록된 하나님의 뜻을 포함하는 법적인 문서입니다. 그것은 하나님의 축복을 소유할 권리를 당신에게 주는 약속과 조건을 제시하는 모든 성경말씀을 포함합니다.

---

46) "영국은 팔레스타인을 정복하였고, 거기서 성경에 등장하는 고대 마을, 도시, 유적지를 찾아내기 위해 고고학 발굴작업을 대대적으로 하기 시작했다.(1800년대 후반) 그들은 가이사랴 빌립보 근처 북 이스라엘의 한 마을을 파 내려갔는데, 외관상 부유한 로마의 부인이 묶고 있었던 불타 버린 오래된 여관의 터가 나왔다. 세월이 흐르고 불탄 흔적이 있었지만 그녀가 가지고 있던 조그만 상자에 보석과 서류들이 그대로 간직되어 있었다. 그 서류들을 해독한 결과 각각 첫 페이지에 "hupostasis"라고 써 있었는데, 이것은 그녀의 재산에 관한 권리증서들이었다. 그녀는 로마에서부터 이스라엘까지 그녀의 재산을 둘러보기 위해 여행하던 중이었는데 이 권리증서들은 그녀의 재산을 보증하는 서류들이다. 그녀는 분명히 부자 땅 투기꾼 중의 하나로 로마가 팔레스타인을 정복한 후에 무척 싸게 땅을 사들일 수 있었을 것이다. 그래서 그녀는 사들인 땅에 대한 권리증서를 가지고 재산을 둘러보기로 한 것이다. 그녀는 무엇을 가지고 있었기에 그 땅이 자기 것이라는 것을 알았을까? 바로 권리증서였다. 그것은 재산이 그녀의 것이라는 것을 증명해 주는 서류이다. 자 이제 성경 말씀을 읽어 보자. "믿음은 바라는 것들의 권리증서이다" 즉 다시 말해서 믿음을 가진 사람은 손에 권리증서를 가진 것과 같다. 여기 이 여인이 로마에서 권리증서를 샀을 때는 자신의 재산이 어떤 것인지 한번도 본 적이 없었지만 어떤 것인지 듣기는 했을 것이다. 그리고 이제 처음으로 자신의 재산을 보러 왔지만 그녀는 이미 손에 권리증서를 가지고 있기 때문에 자신의 재산에 대한 확신이 있었다. 믿음은 권리증서를 가진 것과 같은 것이다."(David Berg, 『Strangers & Pilgrims』 Switzerland, 1978. 8. 19.)

"찬송하리로다. 하나님 곧 우리 주 예수 그리스도의 아버지께서 그리스도 안에서 하늘에 속한 모든 신령한 복을 우리에게 주시되" (엡 1:3)

이것은 성도들의 권리증서가 하나님의 보좌에서 어떤 역할을 하는지를 보여 줍니다. 먼저 당신의 믿음이 하나님의 능력으로 힘을 받게 되면, 그것은 당신의 이름과 하나님의 축복을 소유할 권리를 보여 주는 법적 문서인 권리증서가 되기 시작한 것입니다. 이때 당신은 마음의 평화, 육체의 치유, 삶의 예비를 당신의 거룩한 합법적인 권리로써 요구하면 됩니다.

그 다음에 권리증서는[47] 천상의 법정에서 고발자의 고소에 굴복하지 않고 꿋꿋이 버틸 때 지지기반으로 작용하면서 당신을 지켜 줄 것입니다.

"그러므로 하나님의 전신갑주를 취하라. 이는 악한 날에 너희가 능히 대적하고 모든 일을 행한 후에 서기 위함이라." (엡 6:13)

---

47) 법정에서 판결이 진행되는 동안 당신의 믿음은 하늘의 유업에 대한 권리증서 혹은 "소유권 주장 권리"가 될 것입니다. 그러면 권리증서는 하나님의 믿음을 사용하는 당신이 소망의 근거 혹은 자존감을 가지는 기초로 사용될 것입니다. 휴면 보증으로 활동하면서 당신의 법정 고발자에 의해 시달릴 때 천국의 약속에 굳게 서서 견딜 수 있게 해 줍니다. 당신이 천국 법정 고발자인 마귀와 계속 싸울 때 권리증서는 하나님 축복에 대한 재산권이 이 세상에서 나타날 때까지 그 소유권을 주장할 수 있는 힘을 부여합니다. "믿음은 바라는 것들의 권리증서(소유권)라고 성령님은 믿음 있는 행동을 격려합니다. 예수 그리스도 안에서 힘을 얻은 성도는 하나님이 그의 손에 쥐어 주시고 소유권을 보장해 주신 권리증서를 그를 신뢰함으로 가진 자입니다.(Kenneth Wuest, 『Hebrews in the Greek New Testament』 Eerdsmans, p.193, 1977)

마지막으로 당신이 계속 의심하도록 유인하는 목소리와 연상되는 이미지를 거절하면서 지속적으로 지켜 나갈 때, 권리증서는 당신에게 호의적인 판결이 날 때까지 당신 자신이 주장하는 약속에 힘을 실어 줄 것입니다.

> "주께서 나의 의와 송사를 변호하셨으며 보좌에 앉으사 의롭게 심판 하셨나이다." (시 9:4, PBV)

이제 아시겠죠? 하나님의 공의의 심판대에서 믿음의 실상 즉 권리증서는 당신이 이미 그의 자녀로 인정받은 유업으로 소유권을 주장할 수 있습니다. 이런 생각은 이미 우리의 구원자 예수님께서도 확증해 주셨습니다.

> "자신이 말하는 것이 일어날 줄로 믿어야(실제로) 그의 것(그의 재산, 그의 소유, 그의 권리증권, 그의 소유권, 그의 보증계약서)이 될 것이다." (막11:23, Concordant Literal New Testament)

그런데 한 가지 주의할 점이 있습니다. 당신은 하나님의 약속이 단지 성경에서 그렇게 말하기 때문에 진실이라고 믿을 것입니다. 맞습니다. 그러나 당신의 믿음이 하나님의 약속에 대한 소유권을 주장하는 권리증서가 하나님의 믿음 안에서 찾아지는 것이 아니라면, 마귀는 이 세상에서 경험할 수 있는 천국의 축복을 도둑질해서 멀리 도망갈 것입니다. 그처럼 간단한 일입니다.

믿음은 우리를 통과시킵니다

당신의 연단이 아무리 심각하다 하더라도, 당신의 상황이 아무리 불가능해 보인다 하더라도, 절망이나 좌절의 늪에 빠질 필요가 없습니다. 복음은 하나님이 이미 승리했다는 사실을 당신의 마음속에 심어 놓으셨으며, 당신이 권능을 취하여 폭파시키기를 기다린다는 것입니다. 만약 당신이 이 원리를 꼭 잡고 예수 그리스도 안에서 가지고 있는 소유권을 주장한다면, 당신의 믿음은 사탄의 부정적인 환경의 무게를 뚫고 독수리처럼 높이 솟구쳐 승리의 날갯짓을 하게 될 것입니다.

성령님이 거하는 영역의 상징인 하나님의 나라에 머무르게 될 때, 당신은 사탄의 중력의 무게와도 같은 견고한 진을 파괴하고 앞으로 나아가게 될 것이며 하나님의 약속을 실제로 소유하게 될 것입니다. 이는 마귀를 쫓아내며, 모든 질병과 고통으로부터 치유 받고, 마귀가 주는 우울한 생각들로부터 보호를 받으며, 당신의 모든 환경을 온전히 주님의 지배하에 맡기는 과정 모두를 포함합니다.

> "그의 영원하신 팔이 네 아래에 있도다. 그가 네 앞에서 대적을 쫓으시며 말하라 하시도다." (신 33:27)

이제 돌아서지 마십시오. 주님을 의지하기로 결단한 성도들은 하나님의 심판대에 그들의 권리증서를 보이며, 하나님의 약속에 대한 법적 소유권을 주장하면서 두려움 없이 당당히 서게 될 것입니다. 그렇게 되면 우리가 일어나기를 기대하는 하나님의 축복은 우리의 믿음의 증거가 될 것이며, 사탄에게 허용됐던 연단의 폭풍우는 잠잠하게 될 것입니다.

법적인 증거

"믿음은 … 보이지 않는 것들의 증거니"
(히 11:1)

법정에서 이기기 위해서는 믿음의 실상을 가지는 것에 하나 더 필요한 것이 있습니다. 히브리서 11장 1절의 말씀을 요약하면, 권리증서를 가지거나 소유권을 가지는 생각에는 우리가 하나님의 약속에 대한 믿음을 성공적으로 실행하는 방법에 빛을 비추는 또 다른 말씀이 뒤따르고 있습니다. 이 말씀은 커다란 영적 충격이며 "증거"라고 일컬어집니다.

본질적으로, 실상은 증거를 낳습니다. 실상과 증거는 서로 손을 잡고 가는 쌍둥이 형제와 같습니다.

이것은 절대 진리입니다. 하나님의 상속자로 당신의 권리를 요구하고 주장하는 법정에 서기를 원한다면, 그것에 대한 증거를 제출해야만 합니다. 만약 그때 증거를 제출하지 못한다면, 당신은 상속을 받을 수 없게 된다는 사실을 뜻합니다.

증거라는 단어는 헬라어 명사 "elegchos"에서 온 말입니다. 그것의 의미는 "증명" 또는 "논증"이라는 의미입니다. 그것은 당신이 말이나 행동으로 적절한 "증거"를 보여 주지 않으면 믿음의 "실상"을 가졌다는 어떤 주장도 할 수 없다는 것을 뜻합니다.[48] 증거 없는 실상은 그저 마음으로 동의하기는 시작했으나 빈말에 불과한 것입니다.

증거는 성도의 믿음이 성경말씀의 진리에 동의하는지 아니면 동의하지 않는지를 정의의 심판대에서 보여 주는 재판 자료 입니다. 고발자 즉 마귀가 거룩한 유업의 축복을 경험할 권리를 주겠다고 끈질기게 유혹하지만 끝까지 대항하는 피고를 뜻합니다.

"너희는 믿음을 굳건하게 하여 그를 대적하라." (벧전 5:9)

그러면 어떻게 끝까지 대적할 것인가요? 재판에 있어서의 "증거(evidence)"는 우리 입술의 고백으로 힘입은 믿음의 행동으로 나타납니다. 기본적으로 우리들의 말과 행동은 우리의 마음속에서 하나님 혹은 마귀와 끊임없이 나누는 대화를 드러내는 것일 뿐입니다. 결과적으로 우리들의 생각과 형상은 우리가 말하는 것과 더불어 조만간 연단의 시기에 우리가 선택한 행동의 과정을 통해 우리들의 믿음을 증거하게 될 것입니다.

---

48) 고대 헬라어에서 "evidence"라는 단어는 똑똑한 논쟁상대의 말에 반박하기 위해서 어떤 사실을 제시하거나 증명하는데 사용되었다.

법정에서 우리의 사건을 파괴하는 증거

證人되기

지금까지 우리의 권리를 가지는 것과 하나님의 말씀에 입으로 동의하는 것에 대하여 많은 말을 했습니다. 이제 우리는 마귀가 하나님의 말씀을 믿는 우리의 믿음에 대해 참소할 때에 소송과 관련된 법적인 견해에 대해 몇 가지 사례들을 보고자 합니다.

이것은 아무도 도망갈 수 없는 사실입니다. 당신이 매일 겪는 시련은 그것이 좋든 나쁘든 간에 당신이 선택한 믿음에 대한 증거를 제공하는 기회가 됩니다. 그러므로 증거의 개념은 재판정에서 피고인에게 관련되는 사항입니다.

증거의 요소는 보통 시험 기간이나 반대심문 할 때 그리고 상대편에서 당신의 믿음에 대해 도전할 때 수집됩니다.

"상황이 희망 없어 보인다. 너는 차라리 이런 바보 같은 마음의 평화나 병의 치유 같은 생각은 이제 버리는 것이 더 낫지 않겠니? 미련이 좀 남는다면 하나님께 일시적인 축복이라도 감히 구해 보지 그래? 아무 일도 전혀 일어나지도 않는데 너만 스스로 속고 있는 거야. 더 나아지기는커녕 모든 일이 더 꼬여가는 것 같구나."

이때 우리의 참소자인 마귀는 교묘한 논리와 조작을 이용하여 말씀에 굳게 서 있는 우리에게 엉뚱한 비난을 늘어 놓으며 심문합니다. 결국 우리가 유산을 받을 수 있는 자격이 있는지 어쩐지 결정하는데 필요한 질문의

법정진행과정

당신도 보시다시피 증거의 개념은 모두 긍정적인 경험은 아닙니다. 하나님의 약속에 동의하지 않아 법정 증언에서 실패한다면 우리에게 불리하게 작용할 수도 있습니다. 이는 단지 하나님이 우리를 사랑하고 예수님이 우리의 문제를 변호한다고 하더라도 모든 일이 순조롭게 진행되지만은 않는다는 것입니다. 오 주님! 우리의 문제를 변호하기 위한 법적 권리를 가진다는 것이 얼마나 중요한지를 깨달아야만 합니다. 예수님은 우리를 대신하여 중보의 사역을 끝까지 감당하고 계시기 때문입니다.

"내가 너희에게 이르노니 속히 그 원한을 풀어주시리라. 그러나 인자(하늘의 심판자)가 올 때에 세상에서 믿음(우리를 향한 주님의 법적 변호권)을 보겠느냐 하시니라." (눅 18:8, concordant Literal New Testament)

이 말씀의 능력을 완성시키십시오. 우리가 마음속에 하는 이러한 믿음은 하나님의 심판대에서 우리가 말하는 것과 마찬가지로 우리를 정당화시켜 줄 수도 있지만 또한 악마의 비난도 우리에게 가져다 줄 수도 있습니다.

사탄의 공격이 있을 때마다 당신은 천국 법정의 사건이나 재판이 시작되는 곳으로 가게 됩니다. 이런 일이 일어나면 악마의 고소에 대항하여 당신의 무죄를 증명해야만 합니다.

"너희 믿음의 확실함은 불로 연단하여도 없어질 금보다 더 귀하여 예수 그리스도께서 나타나실 때에 칭찬과 영광과 존귀를 얻게 할 것이니라." (벧전 1:7)

천국 법정

"심히 교만한 말을 다시 하지 말 것이며
오만한 말을 너희의 입에서 내지 말지어다.
여호와는 지식의 하나님이시라 행동을 달아 보시느니라."
(삼상 2:3)

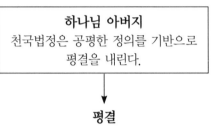

하나님 아버지
천국법정은 공평한 정의를 기반으로
평결을 내린다.

평결
(예수님과 사탄 둘 중의 하나에게 성도의 지배권을 준다)

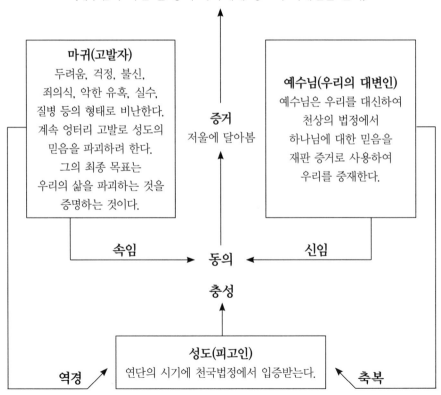

마귀(고발자)
두려움, 걱정, 불신,
죄의식, 악한 유혹, 실수,
질병 등의 형태로 비난한다.
계속 엉터리 고발로 성도의
믿음을 파괴하려 한다.
그의 최종 목표는
우리의 삶을 파괴하는 것을
증명하는 것이다.

증거
저울에 달아봄

예수님(우리의 대변인)
예수님은 우리를 대신하여
천상의 법정에서
하나님에 대한 믿음을
재판 증거로 사용하여
우리를 중재한다.

속임 → **동의** ← 신임

충성

성도(피고인)
연단의 시기에 천국법정에서 입증받는다.

역경   축복

이 표에서 보면 그의 거짓말을 받아들이라고 위협하는 동안 우리를 천국법정에 고소한 악마는 계속해서 천상의 보좌 앞에 끊임없이 나타나고 있음을 볼 수 있습니다.

"너희 대적 마귀가 우는 사자같이" (벧전 5:8)[49]

이것이 사탄이 일하는 방법입니다. 재판 기간 내내 사탄은 우리를 대항하여 교활한 고발과 잘못된 비난을 차례차례 섞어가며 공격할 것입니다. 그는 거짓말로 우리를 위협하고 혼란에 빠뜨리면서 하나님의 말씀으로 무장한 우리의 믿음을 뒤흔드는 질문을 퍼붓습니다. 말할 필요도 없이 당신도 역시 싸움을 할 준비가 완료되었습니다. 고소인은 당신을 유혹할 수 있을 것처럼 계속해서 주장하고 물고 늘어질 것입니다. 불량배나 정신병자처럼 고래고래 소리 질러댈 것입니다. 그의 목표는 불확실성과 두려움을 당신의 마음에 심어서 하나님에 대한 믿음을 던져 버리게 하는 것입니다.

속임수와 사기행각을 벌임으로 고소인은 이 세상에서 당신이 누릴 하나님의 유업을 강탈할 것입니다. 두려움, 걱정, 죄의식, 불신 그리고 고통을 통하여 사탄으로부터 이런 말로 공격을 받을 것입니다.

"네가 하나님의 축복을 받는 것은 하나님의 뜻이 아니야"

이러한 술책이 받아들여지지 않으면 악마는 그 다음에 이렇게 말

---

49) 헬라어로 "악마(devil)"라는 말은 "디아볼로스(dia-bolos)"의 합성어에서 온 말입니다. 이 단어는 디아(dia: 구멍에 집어넣어 푹 찌르기) + 볼로스(bolos: 던지거나 빙빙 돌려 내팽개치다)의 뜻을 가지고 있습니다. 우리의 삶을 결박하고 파괴하려고 법정에 계속 고소해대는 고발자로서 악마의 속성을 완벽하게 묘사하고 있습니다. "마귀의 간계를 능히 대적하기 위하여 하나님의 전신갑주를 입으라." (엡 6:11)

할 것입니다.

"너의 믿음이 충분하지 않기 때문에 아무 일도 일어나지 않잖아"

그러나 이것이 끝이 아닙니다. 적의 최종 목표는 물질적인 축복은 물론 하나님의 영광스러운 임재와 마음의 평안, 건강한 신체를 우리가 경험하지 못하도록 제한하는 것을 넘어섭니다. 우리가 사탄의 기만에 오랫동안 굴복하고 있다면, 그는 급작스러운 죽음을 포함한 통탄할 만한 치욕을 가져다 줄 법정 지배력을 획득하게 될 수도 있습니다.

이 사실을 아셔야만 합니다. 적은 그에게 허용되는 한 강탈, 죽임, 파괴의 계획을 멈추지 않을 것입니다. 오직 다가올 곤경과 위험에도 아무 두려움 없이 하나님을 신뢰하는 증거를 담대하게 제시하면서 사탄을 강하게 대적하는 사람들에게만 힘없이 되돌아설 것입니다.

"만군의 여호와 이스라엘의 하나님께서 이와 같이 말씀하시기를 너는 이 증서 곧 봉인하고 봉인하지 않은 매매증서를 가지고" (렘 32:14)

부정적인 증거

이제 하나님의 천상의 규칙을 충족시키지 못하여 법정 싸움에서 패배했을 경우를 생각해 봅시다. 그렇게 되면 어떤 일이 일어날까요?

전쟁의 열기 속에서 우리는 사탄의 전략에 걸려들고 하나님의 약속에 등을 돌리고 맙니다. 패배가 불가피하게 따라옵니다. 하나님의 관점에서 보면 재판에서의 패배는 부정적인 단언으로 이끄는 불신의 마음을 가지기 시작합니다.

"이는 마음에 가득한 것을 입으로 말함이니라." (눅 6:45)

이제 그림이 그려집니까? 악마의 속임수를 믿는 것은 분명히 당신이 악마의 거짓말을 고백하게끔 이끕니다. 그것은 당신의 믿음이 적의 고소와 동행함을 보여 주는 말과 행동을 하게 합니다.

"그의 입술로 망령되이 말하였음이로다." (시 106:33)

한번 불신이 느껴지면 방어자인 우리는 우리에게 불리한 판단을 가져올 부정적인 증거를 말하게 됩니다. 이때 예수님은 악마에게 대항하여 우리를 변호하는 일에 무능해지게 됩니다.

"거기서는 아무 권능도 행하실 수 없어 다만 소수의 병자에게 안수하여 고치실 뿐이었고 그들이 믿지 않음을 이상히 여기셨더라." (막 6:5-6)

손에 잡은 증거를 가지고, 악마는 하나님의 법정에 출석하여 우리가 그의 말에 굴복한 사실을 가지고 법적 권리를 주장합니다. 공정하고 의로운 판결을 위해 하나님은 우리를 두려움과 의심 그리고 앞으로 다가올 지도 모르는 나쁜 결과를 우리에게 넘겨줄 수밖에 없습니다. 그러나 그것은 우리의 삶을 향한 하나님의 뜻은 결코 아닙니다. 그러므로 사안을 잘 검토한 후에 하늘나라 판사가 우리의 마음속에 품고 있는 불신에 따른 평결을 할 수 없이 내려야만 하게 되는 것입니다.

> "너희 자신을 종으로 내주어 누구에게 순종하든지(악마의 제안에 귀를 기울이면) 그 순종함을 받는 자의 종이 되는 줄을 너희가 알지 못하느냐." (롬 6:16)

하나님은 늘 우리 편!

앞에서도 말한 바 있지만, 하나님은 눈에 보이는 세계와 보이지 않는 세계에서 일어나는 일들에 관한 최종 결정권을 가지고 계십니다. 이는 부정적인 평결도 준엄한 법의 심판관이신 하나님 아버지로부터 나오는 것이라는 뜻입니다.

그러나 이 문제를 명확히 할 필요가 있습니다. 하나님은 우리에 대한 부정적인 보고를 받는다 하더라도 우리를 끊임없이 사랑하십니다. 성도들에 대한 부정적인 평결이라도 주님의 보혈에 씻음을 받기만 하면, 지옥에 떨어지는 일은 없습니다.[50] 오히려 그것은 우리를 피고인으

---

50) 아주 자주 많은 성도들이 하나님은 그의 약속을 믿지 않은 것에 대해 벌을 내리고 있다고 느낍니다. 마귀가 주는 이러한 죄책감의 문제를 풀기 위해 의인에 대하여 잠시 살펴보

로 만들어 우리에게 고난과 역경을 가져다 줄 권리를 얻기 위한 사탄의 판단일 뿐입니다. 이러한 상황에서 주님은 단지 사탄의 속임을 제멋대로 선택할 수 있는 기반을 가지도록 사탄의 판단을 허용하고 있습니다. 그렇다고 이 말이 자기를 따르라고 속이는 영혼을 지지하고 도와준다는 말은 아닙니다.[51)]

오해하지 마십시오. 우리들을 비난하려는 것이 하나님의 마음이 아닙니다. 오히려 우리들의 믿음 없음이 천상의 재판에서 사탄에게 우리의 앞길에 불행을 가져다 줄 법적인 힘을 실어 주는 것입니다.

> "네 말로 의롭다 함을 받고 네 말로 정죄함(헬라어 katadikazo, 판단)을 받으리라." (마 12:37)

평결은 항상 피고인에 대한 해로운 증거들의 결과로 내려지기 마

겠습니다.
복음은 예수 그리스도의 보혈로 죄 씻음 받은 성도들은 하나님의 은혜를 공 없이 받았으며, 하나님의 심판에서 죽음의 영향 아래 떨어지지 않는다는 것입니다. 하나님의 정의에 대해서도, 우리의 모든 이 땅에서의 죄(과거, 현재, 미래의 죄까지도 다 포함해서)를 위하여 2천 년 전에 십자가에서 못박혀 돌아가신 예수님의 희생으로 단번에, 그리고 영원히 우리들의 삶 매 순간마다 하나님의 노여움이 벌써 사라졌습니다. 예수님께서 단 한 번의 우리를 대신한 십자가 사건으로 우리들에 대한 하나님의 불 같은 노여움을 혼자 짊어지시고, 죄인인 우리들이 겪어야 할 모든 죄, 책망, 벌로부터 우리를 완벽하게 구원해 주신 것입니다. 이 점을 잘 생각해 보시기 바랍니다. 예수님은 우리의 죄를 위해 이미 사하셨기 때문에 우리를 다시 죄인이라 하실 수 없습니다.(일사부재리의 법칙) 그러므로 예수 그리스도의 영으로 거듭난 여러분도 다시는 정죄 받지 않습니다.(롬 5:9, 10)
"그러므로 이제 그리스도 예수 안에 있는 자에게는 결코 정죄함이 없나니" (롬 8:1) 또 로마서 8장 31절에서 35절까지도 읽어보십시오.
이제 의인으로 칭함 받은 성도인 우리들은 하나님의 사랑 속에 거하며, 하나님의 심판에서 해방되었으며, 주님 안에서 의인이라 인정받았으며, 우리의 노력이 아닌 오직 은혜로써 구원 받았음을 누리며, 내 편이신 예수님께서 나를 위해 변론하시는 중재자라는 약속을 받은 자입니다. 놀랍지 않으십니까? 또 무엇이 더 필요하십니까? 바로 이것이 우리가 기쁨으로 뛸 수 있는 이유입니다.
"오직 그리스도는 죄를 위하여 한 영원한 제사를 드리시고 하나님 우편에 앉으사" (히 10:12)
51) 롬 6:16.

련입니다. 그것은 항상 의심과 반역의 영을 껴안기로 결정한 사람들에게 억압, 질병, 요절 등을 가져옵니다.

증거는 우리에게 다음과 같은 결론을 가져다 줍니다. 우리가 마귀의 거짓말에 놀라 허둥지둥하게 된다면, 우리는 그에게 사법권을 쥐어 주어 그의 속박 아래 갇히게 될 것입니다.

입술의 언어로 포로가 됩니다

수많은 성도들이 정신적인 속박과 육체적인 고통에 사로잡혀 있으며, 자신도 모르는 사이에 자멸하는 태도의 소용돌이 속에 빠져 있습니다.

지금까지 당신이 읽은 것을 한번 곰곰이 생각해 보십시오. 한번 당신이 불가능이란 생각과 절망의 형상으로 덧입기 시작하면 당신의 영혼은 최종적인 손상을 입힐 수 있는 불가피한 실존으로서의 한계를 받아들이게 될 것입니다. 그렇게 함으로써 당신은 당신이 믿는 것을 말하고 행동하게 될 것이며, 그것은 다시 당신이 살도록 강요되는 악몽 같은 세계를 만들어 낼 것입니다.

땅을 정탐하러 보낸 이스라엘 민족을 예로 들어보겠습니다. 여기 그릇된 정체성과 잘못된 적용의 예가 있습니다. 모세에게 나쁜 정보를 가져다 준 이유는 하나님의 천상 법정에서 부정적으로 증언하도록 강요하는 사탄에게 그들의 마음을 두려움과 반역과 불신으로 가득 차도록 허용하였기 때문입니다.

> "이스라엘 자손 앞에서 그 정탐한 땅을 악평하여 이르되 우리가
> 두루 다니며 정탐한 땅은 그 거주민을 삼키는 땅이요 거기서 본
> 모든 백성은 신장이 장대한 자들이며 거기서 네피림 후손인 아낙
> 자손의 거인들을 보았나니 우리는 스스로 보기에도 메뚜기 같으
> 니 그들이 보기에도 그와 같았을 것이니라." (민 13:32-33)

광야에서 이스라엘 민족은 하나님의 약속을 신뢰하지 못하였기
때문에 우리가 어려운 상황에 맞닥뜨리게 될 때마다 우리가 어떻게 해
야 할 지를 끊임없이 상기시켜 주는 사람들이 되었습니다.

> "그들에게 일어난 이런 일은 본보기(예, 경고)가 되고 또한 말세를
> 만난 우리를 깨우치기 위하여 기록되었느니라." (고전 10:11)

다음과 같은 부정적인 행동은 적에게 사법권을 덥석 안겨 주게 됩
니다. 그러나 가장 나쁜 경우는 우리를 위한 예수님의 중보역할도 병행
하여 일어난다는 것입니다.

> "저는 주님께서 나의 필요를 공급해 주신다는 것을 믿습니다. 그
> 러나 지금 현재 진행되고 있는 상황은 당신의 약속과는 너무 거
> 리가 있습니다."

"미리 감기약을 먹는 게 더 나을 것 같습니다. 이번 겨울 기간에 난 분명히 감기에 걸릴 것입니다. 쳇, 난 지금 목이 쿡쿡 쑤시고 피곤하고 머리도 아플 것 같단 말이에요."

"이번에는 정말 불가능해 보여요. 이 세상에서 내가 지금 겪고 있는 상황은 하나님조차도 구제할 수 없을 거예요."

"네, 하나님께서 나를 고치셨다고 말씀하시는 부분은 인정합니다. 그러나 내 마음속 깊은 곳에는 내 건강이 너무 깊어 아마 이 병 때문에 내가 죽을 지도 모른다는 생각을 떨쳐 버릴 수가 없네요."

"모르겠어요. 너무 혼란스러워요. 오래된 죄의 습관을 안 하려고 노력하지만, 그럴수록 모든 것이 더 악화가 될 뿐이에요."

"내 안에 멈출 수 없는 롤러코스터가 있는 것 같은 느낌이에요. 내 온 인생은 온통 분노의 감정에 휩싸여 살아왔고, 내 생각은 늘 정처 없이 흔들렸어요."

"이제 끝장이에요. 사정이 곧 변하지 않는다면 이젠 포기해야겠어요. 주님이 나를 위해 뭔가를 해 줄 지도 의심스럽고요."

"네, 긍정적으로 생각하려 노력하지만, 사실 나는 늘 부정적인 생각으로 가득 차 있어요. 유리컵 속에 물이 반이나 남았다고 생각하기보다는 반밖에 안 남았다고 생각하죠. 잘 될 것이라고 믿고 싶지만 사실 잘못되면 어쩌나 걱정만 하고 있어요."

"저도 알아요. 알고 있다니까요. 그럴 줄 알았어요. 실패할 줄 알고 있었어요. 난 아무것도 할 수 없는 애란 말이에요."

"내 필요를 채워 주시는 하나님을 믿으라고 말하지 마세요. 내가 문제 한 가운데 있을 때 나를 내버려 두신 하나님 때문에 저는 화가 나 있어요. 내 마음속에는 끊임없이 '하나님은 나 같은 것은 안 중에도 없는 늙고 무자비한 분'이라고 말하는 수다쟁이가 하나 들어 있는 것 같아요."

"승리의 주님을 믿으려고 최선을 다 해 보았어요. 그러나 사탄은 너무 강력해서 할 수가 없었어요."

"하나님의 약속을 믿는 믿음을 주시길 기다리고 있습니다. 그러지 않는다면 나에게 치유와 구원을 베푸는 것이 하나님의 뜻이 아닐지도 모르겠다는 생각이 듭니다."

"어떤 사람이 이 우주에서 일어나는 모든 악한 일도 하나님에 의해 미리 예정되어 있다고 내게 말해 주더군요. 내 인생에 일어난 모든 좋은 일과 나쁜 일도 하나님이 미리 예정한 것이라면, 기도는 해서 뭐하겠어요? 악한 일을 거부하거나 개인적인 야망을 키우는 거나 손실액을 보충하거나 할 필요가 있을까요? 소망의 행동과 믿음을 가지는 것까지 이 우주의 커다란 움직임 속에 하나님이 모든 것을 예정한다고 하면 속박이나 고통으로부터 해방되기를 구할 필요가 있을까요?"

"주님을 찬양하십시오. 나에게 이 질병을 주신 것도 하나님의 뜻입니다. 계속되는 고통을 참아냄으로써 나는 인내와 끝까지 버티는 면에서 하나님께 영광을 올려 드릴 것입니다."

그럴 듯한 말입니다. 우리가 많은 성도들의 입에서 날마다 들어본 말입니다. 그러나 슬프게도 이러한 사람들은 마귀에게 자신의 삶 속의 문을 활짝 열어 주어 그들의 거짓말에 넘어가 버린 사람들입니다.

"관념 속의 압제는 희생자들의 무지에서 비롯된 자기 관리에 있다. 가장 완벽한 노예는 그러니까 더 없이 행복감을 느끼면서 자기가 노예가 된지도 모르는 상태의 사람들이다." (드레스덴 제임스)

이런 불쌍한 상태에 놓여 있는 성도들은 마치 사탄의 끓는 물 속에서 죽을 때까지 즐겁게 수영하는 바다 가재와 같습니다. 그들의 불행을 행복한 것으로 착각하고 있는 이들과 무슨 일을 할 수 있겠습니까?:

"그 권면은 너희를 부르신 이에게서 난 것이 아니니라." (갈 5:8)

이미 언급한 바와 같이 이 말씀은 참소하는 자에게 하나님의 심판대에서 이기게 하는 권리를 줄 뿐만 아니라 우리를 위해 준비되어 있는 하나님의 축복을 보류시킬 힘을 주는 증거가 됩니다. 불신과 반역 때문에 40년 동안 광야에서 헤매야 했던 이스라엘 백성들처럼, 우리들도 연단의 광야에 머물겠다고 결정하는 한 그곳에서 방황해야 할 것입니다.

성도들이여 이제 깨어나십시오. 전쟁이 계속되고 있습니다. 육체의 영역에서 진리로 나타난 것에 따라 사물을 판단하는 것은 위험한 일입니다. 점점 더 당신이 파 놓은 도랑에서 빠져 나올 수가 없게 됩니다.

"외모로 판단하지 말고 공의롭게 판단하라 하시니라." (요 7:24)

경고

이제는 부정적인 내용의 각본을 상상하면서 계속해서 문제에 초점을 맞추는 것을 그만 둘 때 입니다. 마귀로 하여금 당신을 바보로 만들게 허용해서는 안 됩니다. 두려움과 걱정은 상황에 도움이 되지 않습니다. 그것은 오히려 없애고 싶은 문제를 더 악화시킬 뿐입니다.

그러면 무엇이 해결책입니까? 믿음의 행동이 있다 하더라도 우리는 부정적인 태도의 순환을 깨고 하나님의 영역으로 주파수를 바꾸어야만 합니다. 그렇지 않으면 우리는 삶의 나머지를 산을 빙빙 돌면서 "왜 우리는 승리하지 못할까?"라고 중얼거리면서 세월을 보내게 될 것입니다.

하나님의 사람들은 사탄의 겉으로 보이는 모습에 현혹되지 말고 영적 분별력을 되찾을 필요가 있습니다. 부정적으로 반응하고 원인의 결과(정신적, 육체적, 환경적 공격)에 압도당하는 대신에, 먼저 문제를 만들어 내는 원인에 대해 재량권을 가지고, 믿음의 적극적인 자세를 취하여 보이지 않는 부분까지 파고들어 사탄의 결박을 뿌리째 뽑아 내야 한다는 것입니다.

한번 문제의 근본 뿌리를 성공적으로 다루게 되면, 그 영향력(고난과 궁핍)은 결국 말라 눈 앞에서 사라지게 될 것입니다.

"예수께서 나무에게 말씀하여 이르시되 이제부터 영원토록 사람이 네게서 열매를 따 먹지 못하리라 하시니 제자들이 이를 듣더라… 그들이 아침에 지나갈 때에 무화과나무(견고한 진의 상징)가 뿌리째 (완전히) 마른 것을 보고 베드로가 생각이 나서 여짜오되 랍비여 보소서 저주하신 무화과나무가 말랐나이다 예수께서 그들에게 대답하여 이르시되 하나님을 (지속적으로) 믿으라." (막 11:14,20-22)

천상의 재판정에서 사탄의 참소에 대항하여 적절한 하나님의 말씀을 말한다는 것은 다음 장에서 깊이 다루고자 합니다.

제5장
하나님이 주시는 말씀으로 말하기

"본디오 빌라도를 향하여
선한 증언(헬라어로 martus, 입증, 증거제시, 법정증언)을
하신(헬라어로 homologeo, 찬성, 동의하다) 그리스도 예수"
(딤전 6:13)

동의하기

우리는 긴 여정을 같이 해 왔습니다. 이 책에서 당신이 하나님의 재판정 앞에서 적절한 증거를 제시해야 할 때 당신의 입술의 고백이 무죄를 증명할 기본요소라는 것을 보여 드렸습니다. 앞에서 논의한 것처럼 우리의 심령에 하나님의 믿음이 작동될 때에만 그것이 가능합니다.

"하나님을 믿으라." (막 11:22)

"고백(confession)"이라는 단어는 헬라어의 "homologeo"에서 온 말입니다. "homo" (Gr. the same)와 "lego" (Gr. to speak or to say)의 합성어로 "동일한 말을 하다" 혹은 "진술에 동의하다"라는 의미입니다. "homologeo"라는 단어는 그리스의 시인 소포클레스(기원전

496–406)의 시대까지 거슬러 올라갑니다. 그 당시에 "법정에서 다른 사람의 증언을 인정한다"는 사법적 의미와 또 "전쟁에서 항복을 인정한다"는 군사적 의미를 가지고 있었습니다.

혀의 권세가 확실히 우리 모두에게 암호문을 보내 주고 있습니다. 앞에서도 언급했듯이 우리들은 구주 예수님께 동의하고 우리를 축복하도록 할 수도 있지만, 마귀에게 말 그대로 항복하여 치욕을 받을 수도 있습니다.

> "네 입의 말로 네가 얽혔으며 네 입의 말로 인하여 잡히게 되었느니라." (잠 6:2)

수년 동안 교회는 고백이라는 문제에 관하여 많은 비난을 해 왔습니다. 그러나 그것은 좋거나 긍정적이거나 무엇이든 간에 우리 마음속에 가지고 있는 하나님의 믿음을 증거로 내세우는 수단이 됩니다. 사실 우리들의 언어는 마음속의 은밀한 동기를 드러냅니다.

> "이는 마음에 가득한 것을 입으로 말함이라." (마 12:34)

고백을 들으시는 대제사장
(예수님의 중보역할 이해)
"입과 혀를 지키는 자는 자기의 영혼을 환난에서 보전하느니라."

(잠 21:23)

우리의 언어: 예수님의 재판자료

하나님의 말씀에 대한 우리의 믿음이 천상의 재판정에서 예수님이 사탄과 싸울 때 이길 수 있는 증거라는 사실을 절대로 잊어서는 안됩니다.

히브리서 3장 1절에서 예수님은 "우리들의 고백에 대한 대제사장"이라고 불리는데, 참소자 마귀에 대항하여 하늘의 법정에서 우리의 고백을 사용하여 승리하십니다.

"우리가 믿는 도리의 사도이시며 대제사장이신 예수를 깊이 생각하라." (히 3:1)

대제사장으로서의 예수님은 한 손에 그의 대속의 증거를 쥐고 또 다른 한 손에는 우리가 말하는 언어를 재판의 재료로 가지고 하늘의 법정에 나타나십니다. 결국 우리들의 믿음의 고백은 올바르게 이해되어 사용되면 우리를 위해 보장된 결과를 가져올 메시아의 명령입니다.[52]

악한 고백도 있지만 선한 고백도 있습니다. 예수님은 하나님의 뜻과 영을 따라 항상 말씀하셨다고 성경에 묘사되고 있습니다.

> "본디오 빌라도를 향하여 선한 증언을 하신 그리스도 예수" (딤전 6:13)

히브리서 3장 1절을 보면 "사도, 대제사장, 우리의"라는 단어가 나옵니다. 이 세 단어는 예수님의 중보사역에서 중요한 역할분담을 나타내 줍니다.

- 사도
- 대제사장
- 고백

이 세 단어는 서로 연결되어 상호 작용을 합니다. 헬라어로 사도(apostle)는 특별한 목적을 위해 "사명을 띠고 보냄을 받은 자"라는 의

---

52) 마 17:20; 막 11:22-24; 눅 17:6; 계 12:11.

미가 있습니다. 이 사명은 대제사장(High Priest)이 의미하는 "필요로 하는 자를 대신하여 하늘의 법정에서 중재자로 서는 사람"으로 집약됩니다. 마지막으로 하늘의 대제사장이라는 사도직은 우리들의 믿음을 고백하는 말(주님이 우리의 죄를 대속하셨음을 인정하는 말)을 통해 효과적으로 수행됩니다.

사도와 대제사장이라는 두 가지 요소는 우리의 마음속으로부터 우러나오는 말과 함께 예수님께서 하나님의 재판정 앞에서 우리의 이익을 대변하게 해 주는데 효과적입니다.

> "우리가 믿음의 고백을 통해 하늘 보좌 앞에서 우리의 이익을 대변해 주시기 위해 보냄 받은 자" (히 3:1, 저자 의역)

하늘의 재판정에서 이기는 방법

역경의 시기에 가장 큰 싸움은 지적인 기술과 인간적인 방법으로 싸우는 것이 아닙니다. 법정에서의 승리는 하나님의 권능을 통하여 속 사람의 영역에서만 일어날 수 있습니다. 이때 우리는 하나님의 재판정 앞에 어둠의 세력이 주는 거짓말을 제압하는 증거를 가지고 나아가 싸웁니다.

> "네 말로 의롭다 함을 받고 네 말로 정죄함을 받으리라." (마 12:37)

마태복음 12장 37절에서 "의롭다 함"의 뜻은 헬라어로 "죄없음을 선언함"입니다. 그것은 하나님의 천상의 법정에서 우리의 믿음의 말이 증거로 주어질 때 일어나는 일입니다. 여기 믿음의 마음으로 힘을 받은 선한 고백이 성도들에게 얼마나 효과적인 무기가 되는지를 보여 주는 말씀입니다.

"너는 나에게 기억이 나게 하라. 우리가 함께 변론하자. 너는 말하여 네가 의로움을 나타내라." (사 43:26)

연단의 시기에, 선한 고백은 적의 참소에 대한 가장 좋은 예방 접종입니다. 왜냐하면 그것은 하늘의 심판자로부터 좋은 판결을 얻을 것이기 때문입니다. 이렇게 되면 구원받지 못한 마음에 영적인 구원이 이루어지며, 마음의 해방과 육체의 고침, 환경의 채우심과 같은 거룩한 흐름이 성도들의 삶에 흘러 넘치게 될 것입니다.

위로자

하나님의 거룩하심에 참예하는 권리를 얻은 후에 예수님은 하늘에 오르셔서 우리를 위하여 중보사역을 계속하고 계십니다. 그러나 하늘의 아버지는 우리를 마귀들과 함께 홀로 내버려 두지 않습니다. 이것이 우리의 구원자 예수님이 성령님을 보내신 이유입니다.

"그러므로 여호와께서 이와 같이 말씀하시되 보라 내가 네 송사를 듣고 너를 위하여 보복하여" (렘 51:36)

할렐루야! 우리 주님은 우리에게 힘을 실어 주고 우리를 위하여 법률적 자문을 담당할 성령의 인도하심을 은혜로 준비했습니다. 이에 대해 예수님께서 하신 말씀입니다.

"보혜사 곧 아버지께서 내 이름으로 보내실 성령 그가 너희에게 모든 것을 가르치고 내가 너희에게 말한 모든 것을 생각나게 하리라." (요 14:26)

아시겠습니까? "하늘의 변호인"은 이미 당신 안에 살고 있습니다. 만약 우리가 성령님의 조언에 순종하기만 하면, 천국의 착한 증인이 될 수 있으며, 사탄의 법적 고발에도 승리할 수 있습니다.[53]

"위로자"와 함께라는 생각은 마음을 편하게 해 주며, 위로를 받고, 불가능한 상황에서도 앞을 보고 계속 전진할 수 있도록 희망을 줍니다. 헬라어로 위로자(Comforter)는 파라클레토스(Parakletos)인데 동사 파라클레오(parakaleo)와 같은 어원입니다. 그 뜻은 '안으로 불러들이다, 부르다, 불러오다, 권고하다, 용기를 북돋우다, 위로하다, 슬픔을 달래다, 원조를 구하다, 중재하다' 등으로 법정에서 어떤 사건의 변호를 맡고 있는 법률 보좌관의 견지에서 이해되는 말입니다.

---

53) 롬 8:1,33,34,39; 엡 2:8,9.

그러므로 파라클레토스는 중재자(Advocate), 변호사(Lawyer)와 동의어인 법률 용어입니다. 변호사의 하는 일은 아래와 같습니다.

- 다른 사람의 소송을 변호하는 사람
- 공개법정에서 고객의 의견을 제시하는 사람
- 재판심리에서 올바른 방향을 제시하고 지원하는 사람

이 얼마나 거룩한 축복입니까? 성령님을 통해서 말씀하시는 예수님께서 우리들의 개인변호인이 되어주신다니 말입니다.

성령님의 사법적 기능은 두 가지 목적이 있습니다. 하나는 성경말씀을 통하여 우리가 하나님의 자녀이기 때문에 태어날 때부터 가지고 있는 기본 권리에 대해 지속적으로 일깨워 줍니다. 그리고 또 하나는 "하나님의 믿음(The Faith of God)"을 통해 법정에서 효과적으로 증명하도록 법적 과정을 이끌어 갈 수 있게 지혜와 계시를 공급합니다.

> "또 주의 종이 이것으로 경고를 받고 이것을 지킴으로 상이 크니이다." (시 19:11)

우리의 천국 변호사

전문적인 면을 말하자면, 변호사들은 정기적으로 고객에게 재판

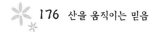

과정에 대해 훈련을 시킵니다. 검사가 고발한 사건에 대해 어떻게 답변해야 하는지 증인에게 조심스럽게 설명합니다. 합법적으로, 이러한 일이 우리들의 보이지 않는 법정 사건에서도 동일하게 적용됩니다. 하나님이 참소자 다시 말해 고소인인 마귀의 거짓말에 대해 적절한 법정 변호인을 세워 주십니다.

재판 과정에서 성령님은 우리들의 마음속에 하나님의 말씀의 지식으로 분발시켜 주실 것입니다. 그래서 우리가 적의 참소 공격에 대항하여 올바른 증언을 하도록 격려해 줍니다.

"내가 네게 이르는 말만 말할지니라." (민 22:35)

우리가 성령님의 인도에 기꺼이 순종하면, 하나님은 우리에게 벌써 눈에 보이지는 않지만 결국은 받게 되어 있는 축복을 이미 받은 자라는 증거를 대라고 권능을 부여합니다.

당신이 무슨 일을 겪는다 하더라도, 천상의 변호사는 역경과 불가능의 중간에 하나님을 찬양하는 당신의 마음을 강화시킬 것입니다. 그분의 달래는 권고의 목소리로 위로자는 당신의 마음속에 거룩한 확신을 심어 주어 기쁨과 기대감으로 인도해 줄 것입니다. 하나님의 약속을 명백하게 보여 주게 될 때에 기적이 일어날 리가 없다고 아무리 마귀가 계속 말한다 하더라도 당신이 꼭 붙들고 있기만 한다면 그는 증언할 것입니다.

"성령이 친히 우리의 영과 더불어 우리가 하나님의 자녀(하나님의 소유-하나님의 영적, 정신적, 신체적 축복-에 대한 법적 상속인)인 것을 증언하시나니 (헬라어로는 당면한 행동 지침, 지속적인 행동을 의미한다)" (롬 8:16, Literal, 저자 번역)[54]

고소인 거절

규칙에 예외는 없습니다. 이 세상에 사는 한 우리는 모두 기소 당해야 합니다.

어떤 법적 사건에 있어서도 고소인은 당신을 유혹하고 그의 속임에 합법적으로 영향을 받았다고 법정에서 증명해야 할 제한 시간을 가질 것입니다. 당신의 법정 고발자인 마귀는 울부짖는 사자와 같이 교활한 질문과 고소를 가지고 당신의 믿음을 시험해 보러 옵니다.

"그러므로 하나님의 전신 갑주를 취하라. 이는 (위험하고) 악한 날에 너희가 능히 대적하고 모든 (위기에 소요되는) 일을 행한 후에 (너의 자리에 굳건히) 서기 위함이라." (엡 6:13, Amplified)

재판과정 동안에 적은 당신이 하나님으로부터 기대하고 있는 모든 사실을 비틀어 꼬아 위협하려 할 것입니다. 사탄은 그러한 일을 성

---

54) 막 11:23,24.

공시키기 위하여 당신의 생각, 상상, 감정, 환경 등 당신 주위의 것들을 다 이용할 것입니다.

재판기간 내내 우리들의 전쟁을 극복하는 유일한 방법은 언제나 생각의 흐름을 완전하게 유지하면서 우리들의 마음을 굳건히 지켜 세뇌 당하지 않는 것입니다. 베드로 전서 2장에서 하나님은 우리가 할 바를 보여 주십니다.

> "사랑하는 자들아 거류민과 나그네 같은 너희를 권하노니 영혼을 거슬러 싸우는 육체의 정욕(욕망)을 제어하라(절제, 금식, 금욕)."
> (벧전 2:11, Wuest)

당신은 이것을 믿어도 됩니다. 승리하는 삶은 당신의 마음속으로 침투하려는 어떤 순간에도 사탄의 목소리를 분별하고 돌아서야 하는 것입니다. 이미 언급한 바와 같이 사탄은 종종 머리를 아프게 하고 나서 당신의 마음속에 고통을 통해 말을 할 것입니다. 이렇게 하는 이유는 그의 제안을 보다 강력하고 위협적으로 하기 위해서입니다. 사탄의 세계에서는 고통으로 뒤섞인 목소리는 위협적으로 공격하는 가장 효과적인 방법입니다.

고소인의 정죄를 극복하기 위해 두려움, 걱정, 의심, 우울 등과 같은 생각을 계속해 오던 습관으로부터 즉시 벗어나야 합니다. 이러한 것은 사탄이 주는 생각으로부터 의식의 이탈이라고 하는데, 그저 당신이 기어를 바꾸겠다는 의지적인 행동을 통해 가능합니다.

재판이 지지부진하게 된다면, 사탄이 당신의 머리 속에 부정적인 생각들을 심으려고 한다는 생각이 들 때마다 마음속의 생각들을 싹 씻어 버리는 청소과정을 계속하십시오. 그렇게 계속하면서 비참한 질문, 참소, 의심, 상상(만들어 내는 이야기), 잔소리, 토론 등과 같은 사탄의 인정하는 목소리를 구해 돌아다니지 마십시오. 사탄의 목소리에 부합하는 답을 찾으려고 하면 할수록 점점 논리와 이성의 영역으로 끌려 들어가게 되며, 결국 그들의 반대가 너무 압도적이어서 그들의 요구에 항복하는 것 외에는 다른 선택의 여지가 없게 됩니다.

마귀에게 기회를 주지 마십시오. 사상, 상상, 잠재의식 속의 목소리와 같이 원치 않는 생각들은 즉시 거절하고 새로운 마음의 틀로 대체해야 합니다. 즉 하나님의 말씀 안에서 긍정적인 약속을 찾아내어 마음을 새롭게 하십시오. 이러한 생각의 변화가 점점 습관화되면 달콤할 뿐만 아니라 손바닥 뒤집기처럼 쉬운 일이 됩니다.

> "너희는 이 세대를 본 받지 말고 오직 마음을 새롭게 함으로 변화를 받아" (롬 12:2)[55]

성경말씀을 상고하는 것은 당신의 삶에 엄청난 유익을 가져다 줄 것입니다. 먼저 사탄의 침투로부터 당신의 생각을 안전하게 지킬 "구원의 헬멧"을 만들어 줄 것입니다.[56] 게다가 거룩한 성령님의 영역(하나님의 영적 주파수) 속으로 당신의 에너지를 전환시키도록 허용할 것입니

---

55) 당신이 겪고 있는 시련과 관련된 하나님의 약속으로 당신의 마음을 가득 채우십시오.
56) 엡 6:17.

다. 하나님의 말씀에 대한 믿음을 구하는 실체와 마음속에서 사탄을 쫓아내는 데 힘을 실어 주는 것은 이러한 차원 속에 있을 때 가능합니다.

지금 바로 끊임없는 생각의 강화작업을 통해 다음과 같이 하십시오.

- 믿음의 행동을 통해 견고한 진을 강화하는 몸을 사리는 습관을 파괴하라.
- 죽음을 연습하라. 생각하기를 멈추고 나를 괴롭히는 여러 소리들에 아무 반응을 하지 마라.
- 마귀의 호소에 맞추어져 있는 영적 주파수를 바꾸라.
- 하나님의 말씀을 묵상하고, 떠올리고, 말하라.

이 4가지 원칙들을 꾸준히 집중하여 매 순간 시행해 보십시오. 성령님은 분명히 말씀하십니다.

"복 있는 사람은 악인들의 꾀(조언, 계획, 목적)를 따르지 아니하며 죄인들의 길에 서지 아니하며 오만한 자들의 자리에 앉지 아니하고 오직 여호와의 율법(교훈, 지도, 가르침)을 즐거워하여 그의 율법을 주야로 묵상(곰곰이 생각하고 연구)하는 도다." (시 1:1-2, Amplified)

좋은 증거 제시

적의 제안이 통제되기 시작하면, 우리의 도전은 하나님의 보좌 앞에 믿음에 의지하여 좋은 증거가 올라가게 됩니다.

"믿음은 바라는 것들의 실상이요 보이지 않는 것들의 증거니 선진들이 이로써 증거를 얻었느니라." (히 11:1-2)

예를 들면, 당신은 병의 공격을 받고, 예수님의 매 맞으심으로 병이 나았다는 사실을 믿을 수 있습니다. 당신은 또한 마음의 고통에서 구원받았음을 믿고, 불가능한 상황 가운데 필요한 것을 공급받았음을 신뢰할 것입니다. 표적을 맞추기 위해서는 이러한 확신이 하나님의 법정에서 좋은 증거가 됩니다. 그리고 우리들의 입술의 선포와 구체적인 행동을 통해 우리는 벌써 믿음으로 바라는 것들을 가졌음을 증명하는 것입니다. 이것은 노아의 경우에도 나타납니다.

"(즉시) 믿음으로 노아는 아직 보이지 않는 일에 경고하심을 받아
경외함으로 방주를 준비하여 그 집을 구원하였으니 이로 말미암
아 세상을 정죄하고 믿음을 따르는 의의 상속자가 되었느니라." (히
11:7, Amplified, Underline Mine)

당신이 하나님의 법정에 나아가면, 믿는 마음으로 성경말씀을 선
포하십시오. 두려워하지 말고 구속의 증거를 대며 당신이 상속자임을
나타내는 권리증서를 당당히 보여 주십시오. 하나님의 변호사인 예수
님께 힘을 실어 드리는 좋은 증거를 내밀기만 하면, 예수님은 우리의
사건을 대신 떠안고 하나님의 축복을 획득할 수 있는 충분한 권세를
부여 받으십니다. 아래 보여 드리는 예문은 우리가 하나님 보좌 앞에
나아가서 긍정적인 믿음의 증거로 할 수 있는 몇 가지 증언들입니다.

"주님, 예수님으로 말미암아 놀라운 승리를 경험케 하신 주님을
찬양합니다. 눈에 보이거나 보이지 않는 모든 것의 주님이시며, 이
우주의 모든 원자나 분자 구조를 지배하시는 주님이십니다. 사랑
하는 하나님, 당신이 나를 위하신다면 이 세상의 그 무엇도 나를
대적할 수 없습니다."

"당신의 저항할 수 없는 권능의 거룩한 중압감은 모든 저항을 헤

치고 나아가 적들 앞에서 승리자로 우뚝 서게 만들어 주십니다. 나를 보호하시는 어마어마한 능력 때문에 사탄은 내 마음속의 어떤 부분도 침범할 수 없음을 알고 있습니다."⁵⁷⁾

"예수 그리스도의 이름으로 나는 내 영혼에 두려움, 걱정, 의심, 실패와 같은 다른 어떤 생각이나 상상에 대해 거절합니다. 나는 하나님의 말씀에 대한 믿음을 실행하는데 마음의 승인을 구할 필요가 없습니다. 하나님의 권능과 증언은 나를 위해 모든 것이 준비되어 있습니다. 나의 거듭난 영혼은 모든 것을 이해해 주시는 그 분의 평강으로 가득 차 있습니다. 내 마음에 주입시키던 사탄의 부정적인 말들은 하나님의 말씀으로 깨끗이 씻겨져 있습니다. 나는 강한 힘을 부어 주시는 예수님 안에서 강한 승리자로 바로 섰습니다."

"하나님 아버지, 당신의 아들이 매를 맞음으로 저의 모든 아픔, 통증, 질병이 낫게 되었음을 감사 드립니다. 이 세상의 더러운 것은 더 이상 내 혈액, 몸, 살, 뼈 조직에 기생할 수 없습니다. 종양, 암, 심근경색, 퇴행성 질병 등은 내 몸 속에서 자리잡을 수 없습니다. 내 육체는 이제 주님의 것이 되어, 예수님의 영이 거하시며, 힘을 주십니다. 내 느낌과는 상관없이, 나는 나의 의사이신 예수

---

57) 예수님은 사탄이 자신을 넘어서는 정당한 능력이 없다는 것을 분명히 하셨습니다. "세상의 임금이 오겠음이라. 그러나 그는 내게 관계할 것이 없으니(그는 나와 아무런 공통점이 없다. 내 안에 그에게 속한 것은 아무것도 없다. 그는 나보다 강한 능력도 없다.)" (요 14:30, 저자 번역)

 184 산을 움직이는 믿음

님께서 내 안에 있는 모든 병을 치료하셨다는 사실을 선포합니다. 주님은 내게 질병의 짐을 지우지 않습니다. 육체적 수치나 예상치 못한 죽음이 내게 일어나지 않을 것을 믿습니다."

"나는 내가 그리스도 안에서 어떤 존재인지를 알고, 그것이 나를 적의 거짓말로부터 자유롭게 합니다. 나는 2천년 전 십자가에 돌아가신 예수 그리스도와 함께 십자가에 못박혀 이 세상에서는 죽은 자입니다.

죽음의 영에 의해 지배 받던 옛 자아는 죽었습니다. 이 세상의 욕망에 사로잡혀 있던 나의 영혼과 육체는 이제 사탄의 손아귀에서 벗어났음을 선포합니다."

"이제, 나의 세속에 속한 육체는 내가 그 욕망을 따르지만 않는다면, 나를 조종할 법적 권한이 없습니다. 나는 육체가 바라는 죄많은 욕망에게 스스로 죽음을 선언하며, 예수님의 구원의 새 힘을 받아 예수님 안에서 살아갈 것을 선포합니다. 나의 욕망, 생각, 행동을 통해 하나님의 영광을 드러내시는 분은 바로 부활하신 예수 그리스도입니다."

"나는 나의 주님과 함께 하나의 영이 되었고, 주안에서 새 사람이 되었습니다. 예수님 안에서 나는 움직이고, 살고, 나의 모든 존재 의미가 있습니다. 나는 감각이나 물질의 영역에 살지 않습니다. 나는 논리적이고 이성적인 모범으로 육체의 지성세계에 속해 있지도 않습니다. 나의 시민권과 진짜 주소는 영광의 예수 그리스도가 살고 계신 천국입니다."

"하나님의 자녀로서, 나는 시공을 초월하여 거룩한 기쁨을 누리며 하나님의 영원 속에서 성령 충만함을 날마다 경험합니다. 그곳에서 처음부터 끝까지 부족한 것들을 부탁합니다. 예수님 안에서 나는 내 육체가 원하는 모든 것이며, 세상이 줄 수 없는 모든 것을 벌써 가진 자입니다."

당신이 이렇게 묵상할 때 하나님의 축복의 약속의 땅으로 인도하는 문이 열릴 것입니다. 승리는 이러한 전략을 따르는 모든 사람에게 보장되어 있습니다.

승리한 사례

기억하십시오. 그것이 얼마나 오래 걸리든, 재판이 영원하지는 않습니다. 하나님의 진리와 함께 앞을 바라보며 참아내야 합니다. 법정에 제출한 증거를 통해 얼마 지나지 않아서 승자와 패자가 확연하게 갈릴 것입니다.

"성실하게 행하는 자는 구원(미래와 보상)을 받을 것이나 굽은 길로 행하는 자는 곧 넘어지리라." (잠 23:18, Amplified)

고소인이 당신에게 대항하여 반대의 증거를 찾으려던 노력이 무산되게 되면, 당신의 믿음에 대한 재판이 끝나게 됩니다. 분명히 유혹을 이기는 것이 인내와 오래 참음이 요구됩니다:

"시험을 참는 자는 복이 있나니 이는 시련을 견디어 낸 자가 주께서 자기를 사랑하는 자들에게 약속하신 생명의 면류관(승리의 면류관)을 얻을 것이기 때문이라." (약 1:12, Amplified)

최종 판결이 나오기 전에 우리들의 고백을 들어 주시는 대제사장이신 예수님은 정의로운 천국 재판정에 당신이 지속적으로 하나님의 말씀에 동의한 자료를 가지고 나아갈 것입니다. 그리고 한번 적에게 무릎 꿇기를 거절하기로 작정했으면, 당신은 명백한 실패자인 사탄과의 재판에서 이길 것이 틀림없습니다.

적의 고소가 천상의 대재판장 앞에서 잘못된 것으로 판명된다면, 그 재판장은 당신이 고소인의 고발로부터 무죄를 선고합니다. 그리고 당신의 시험은 갑자기 끝을 맺게 됩니다. 이때 우리의 고발자인 악마는 그의 잘못된 고발을 계속할 법적 근거를 잃게 될 것입니다.

결과는 마귀에게 여러 가지 역경으로 당신을 괴롭히도록 했습니다. 이것은 당신의 시험이 완성될 때 하늘 법정에서 그 동안 당신의 영혼을 괴롭히던 마귀의 목소리와 육체를 괴롭히던 질병, 말도 안 되는 환경의 여러 가지 역경들을 합법적으로 몰아낼 것입니다.

> "주여 주께서 내 심령의 원통함을 풀어 주셨고(내 문제를 다루시
> 고 나의 사람과 나의 권리를 보호하셨고) 내 생명을 속량하셨나이
> 다." (애 3:58, Amplified)

승리자를 만나라!

혈루병 걸린 여인을 비교해 보겠습니다. 이 여인은 몸이 치유되기
전에 고침 받을 것에 대한 충분한 증거를 실제로 소유하고 있었습니다.
이 여인의 믿음은 예수님이 하나님의 법정에서 성공적으로 변호할 수
있도록 하여, 그녀의 병이 고침 받았습니다.

> "예수께서 이르시되 딸아 네 믿음이 너를 구원하였으니 평안히 가
> 라 네 병에서 놓여 건강할 지어다." (막 5:34)

마찬가지로 나병 환자 나아만도 이성적인 생각으로는 정말 바보
같은 행동이라 처음에는 생각했지만 사무엘의 말을 경청하고 그대로
실행했을 때 믿음의 확실한 증거를 보여 주었습니다.(왕하 5:1-13)

처음에는 나아만이 불평하였지만, 나중에 그는 선지자의 말을 듣
고 요단 강에 일곱 번 몸을 잠그기까지 순종하였습니다. 결국 하나님

의 보좌에서 호의적인 판정을 획득하여, 그가 강물 밖으로 나왔을 때
는 어린 아이의 새 살을 가지게 되었습니다. 하나님은 항상 이성의 논
리적인 판단과는 다른 기적을 행하십니다.

> "나아만이 이에 내려가서 하나님의 사람의 말대로 요단 강에 일곱
> 번 몸을 잠그니 그의 살이 어린 아이의 살 같이 회복되어 깨끗하
> 게 되었더라." (왕하 5:14)

하늘 나라 보좌의 재판관이신 하나님께서는 하나님의 길을 부
지런히 찾는 모든 사람에게 보상해 주시는 분이십니다. 성령님의 가
르침에 계속해서 복종하면, 위기 상황의 한 가운데에서 진리의 말씀
을 부지런히 선포하는 동안, 법정 고소인인 사탄의 고발 내용은 잘못
된 것임이 증명될 것이며, 시련이 끝났을 때 우리의 순종은 높게 보
상받을 것입니다. 할렐루야! 하나님의 믿음을 통하여 우리는 집요하
게 추구해 온 하나님의 축복을 눈으로 확인하는 자가 될 것입니다.

결론

하나님의 최선을 위해!

이 책의 끝부분에 이르기까지 우리는 예수 그리스도의 정체성을 우리의 마음속에 확립하는 것이 필요하다는 것을 배웠습니다. 그렇게 하면 우리 마음속에 하나님의 믿음으로부터 떠오르는 적절한 말씀의 증거가 주어질 것입니다. 그것은 새롭게 함의 변화라고 일컫는 하나의 과정입니다.

"이 세상의 틀에 맞추어 너희를 쥐어 짜도록 허용하지 말고 하나님이 너희를 다시 새롭게 만들게 하여 너의 모든 마음의 태도와 자세가 변화되도록 하라." (롬 12:2, Phillips).

"너희는 이 세대를 본받지 말고 오직 마음을 새롭게 함으로 변화를 받아 하나님의 선하시고 기뻐하시고 온전하신 뜻이 무엇인지

분별하도록 하라." (롬12:2)

사탄이 당신의 마음속에 부채질하고 있는 모든 속임수에 대해 "네"라고 찬성하고 인정해 버리고는 단순한 방관자로 살아가지 마십시오. 지금 당장 서두르십시오. 사탄이 당신의 마음속에 속삭이는 거짓말을 물리치고, 대신 예수님이 당신의 대리인이라는 사실로 당신의 정체성을 찾으십시오. 그러기 위해서는 당신은 하나님의 말씀 속에서 찾았던 당신의 유업에 맞는 행동지침을 굳게 잡을 필요가 있습니다. 믿음으로 당신은 하나님의 축복을 경험할 권리를 주장할 수 있습니다. 얼마나 간단한 일입니까? 마음의 해방, 거룩한 치유, 삶에 필요한 모든 것이 공급될 것입니다. 단지 기도로 시작하고, 구하고, 믿고, 받으며, 가지시면 됩니다.

믿음은 육체의 근육과 같다고 말합니다. 운동을 많이 하면 할수록 근육은 더욱 더 단단해집니다. 만약 근육을 사용하지 않고 그대로 잠재운다면, 퇴화해 버리고 맙니다. 믿음의 근육도 강화시키려면 비슷한 과정을 필요로 하기 때문에 더 이상 지체할 여유가 없습니다. 이제 당신은 영적으로 깨어나야 할 시간입니다. 축 늘어진 팔을 들어 하나님의 전신갑주를 입고, 공격을 개시하십시오.

왜 최선 아닌 차선에 안주하려 하십니까? 하나님의 사랑의 은혜가 당신이 상상할 수 있는 것 이상으로 이미 당신에게 주어졌으며, 이제 당신의 삶 속에 하나님의 뜻을 품도록 권하고 있습니다. 주님께서는 선택의 자유를 침해하지 않으실 것이므로, 법적으로는 이미 소유권을 가지고 있지만 그것을 실제로 소유하기 시작할 때까지는 그의 축복이 당신의 것이 되지는 않을 것입니다.

성령님은 그의 위로와 권능으로 당신을 하늘의 법정에 합당한 증인으로 내세우기 위해 도와줄 준비가 다 되어 있습니다. 당신의 생각과 감정에 구애 받지 말고, 말씀을 인정하는 절차를 시작하십시오. 그러면 다음과 같은 축복이 따를 것입니다.

> "믿는 자들에게는 이러한 표적(공인된 기적, 거룩한 확증)이 따르리니 곧 그들이 내 이름으로 귀신을 쫓아내며 새 방언을 말하며 뱀을 집어 올리며 무슨 독을 마실지라도 해를 받지 아니하며 병든 사람에게 손을 얹은즉 나으리라 하시더라." (막 16:17-18)

얼마나 놀라운 약속의 말씀입니까? 하나님의 능력이 산을 옮기는 하나님의 믿음을 통해 폭발할 준비가 되어 있는 당신의 영혼 속에 있습니다. 이제 당신이 겪는 시련 가운데서 하나님의 확인(약속)을 말로써 선포(재단언)하는 것은 바로 당신에게 달려 있습니다. 그러면 하나님께서 당신을 위해 기적을 나타내심으로 하나님의 확인 메시지를 당신에게 보내실 것입니다.

> "내가 너희를 돌보고 나의 선한 말을 너희에게 성취하여" (렘 29:10)

당신의 입술로 하나님의 약속을 인정할 때, 당신이 한 말은 하나

님께서 기적을 보여 주심으로 확증해 주시는 하나님의 말씀이 될 것
입니다.

"그의 종의 말을 세워 주며…" (사 44:26)